北京市教育科学规划单位资助校本研究专项课题（编号：BB

学段衔接视野下的
有效作业探索

自主 ▶ 合作 ▶ 探究

教育集团背景下的
有效作业途径研究课题组 | 编著

明确教学改革的方向和内容
明确课堂教学的实质及对学生的培养要求

中国国际广播出版社

图书在版编目（CIP）数据

学段衔接视野下的有效作业探索 / 教育集团背景下的有效作业途径研究课题组编著.
-- 北京：中国国际广播出版社, 2022.7
ISBN 978-7-5078-5174-8

Ⅰ.①学… Ⅱ.①教… Ⅲ.①学生作业—教学研究—中小学 Ⅳ.①G632.46

中国版本图书馆CIP数据核字（2022）第125259号

学段衔接视野下的有效作业探索

编　　者	教育集团背景下的有效作业途径研究课题组
责任编辑	屈明飞
校　　对	李美清
装帧设计	文人雅士

出版发行	中国国际广播出版社有限公司　[010-89508207（传真）]
社　　址	北京市丰台区榴乡路88号石榴中心2号楼1701
	邮编：100079
印　　刷	廊坊市海涛印刷有限公司

开　　本	710×1000　1/16
字　　数	183千字
印　　张	12
版　　次	2022年7月　北京第一版
印　　次	2023年7月　第一次印刷
定　　价	60.00元

版权所有　盗版必究

编委会

主　编 于秀云　林乐光　高笑旭
副主编 梁　燕　王京兰　蒋新华
编　委（以姓氏笔画为序）

　　　　于俊芳　马国红　王　楠　孔祥林
　　　　厉江南　邢东燕　吕晓艺　朱红燕
　　　　乔慧莲　刘红娜　苏卫东　苏日娜
　　　　李　燕　肖伟华　时超赫　吴世霞
　　　　沈艳春　张小萌　张立田　张丽娜
　　　　陆　楠　陈凤云　陈国秀　陈　娜
　　　　陈慧敏　金艳芝　赵志红　胡晓东
　　　　祖丹阳　高　飞　韩福强　魏文娟

序 言

让学生在作业中学会生活、爱上生活

曲小毅[①]

翻阅《学段衔接视域下的有效作业探索》这本书稿，惊喜与钦佩的心情交织在一起。惊喜于九中集团对"双减"政策的消化、内化和转化的速度之快，效率之高。钦佩于九中集团对政策、实践、学理的研究如此深入，体现出敢为人先和勇于创新的精神。受邀作序，欣然提笔。

在当前"双减"的政策下，作业的设计、实施与评价质量成为衡量学校教育教学质量的关键尺度，也是衡量教师专业发展水平的重要尺度。在全面推进教育改革背景下，作业的形式和功能都在进一步拓展。需要进一步创新作业观、优化作业结构、提升作业效能。学校想要提升作业有效性就要掌握"变更""撬动""融合"的"六字真言"。

"变更"是指对作业的认识的变更，作业不再是巩固知识的工具，而是育人的载体。传统作业以斯金纳强化理论为学理依据，以习题为主要形式，通过重复练习达到巩固学科知识的目的。其实施过程为：布置作业→学生课后完成→教师批改→学生修改→课堂讲解→练习巩固。作业的评价方式以为"纸笔"评价为典型代表的结果性评价。"双减"政策下，要求突破这种"工具"观，将作业重新定位为"育人的载体"的新型作业观。新型作业观以皮亚杰经验学习理论、班杜拉社会学习理论等为学理依据。作业的设计与实施要通过项目学习的方式开展，通过任务驱动下的学生合作探究、体

[①] 北京教育学院劳动教育系讲师，硕士双学位，研究方向为跨学科主题学习，在该领域发表论文10余篇，编著、参编《研学旅行活动课程开发与实施》《特色课程群的建构》《小学综合实践活动课程的设计、实施与评价》等教师教育教材。

验、实践达到养成探究习惯、培育科学思维、提升核心素养的育人目标。作业的实施要经历创设情境→问题导入→搭建支架→学生合作探究、教师项目指导→成果多元呈现等环节。作业的评价更强调过程性评价和结果性评价相结合。

"撬动"是指通过作业设计反观课堂教学，通过课前作业、课堂作业、课后作业的设计撬动整个教学设计。传统的作业多发生在课堂教学结束后，是学生内化知识的工具。新型作业观要求将作业设计贯穿于教学设计的始终。作业的设计要与教学设计融为一体，通过课前、课中、课后层层递进的任务群设计，以任务驱动的方式达成学生思维路径引导、学习习惯养成、综合能力培养的目的。

"融合"是指将作业设计与综合实践、劳动课程、社会大课堂等其他育人载体相融合，让作业的形式更加多样化，更为学生喜闻乐见。融合还体现在让作业与生活实际相融合。让各个学科间的内在联系通过作业彰显得更加明显。作业设计或从生活中来到生活中去，或从学科中来到生活中去。不管哪种途径都是强调学科知识与学生个体生活经验的有效链接，让各个学科知识在生活化的作业中去迁移、运用、重组、融合，从而解决实际问题。学生在基于真实生活的合作探究过程中以知识融会贯通、能力迁移应变、情感内在熏陶实现素养的全面提升，进而在认知能力、实践能力、创新能力、情感品质等多个维度发生实质性的成长。

综上所述，如果从这些要点来衡量这本《学段衔接视域下的有效作业探索》，我认为较好地体现了"知识导向"向"育人导向"转型。书稿从纵向衔接的视角探索独立学科作业有效性问题，从横向融合的视角探索跨学科作业实效性问题，从五育并举的视角探索生活实践类作业实效性问题，凸显了作业设计对学段衔接的意义、对教学设计的意义、对落实核心素养的意义，体现了"五育并举"的教育方针、"双减"政策的要求、新课标的要求。相信这本凝聚着九中人智慧和热情的佳作能让孩子们在完成作业的过程中学会生活，爱上生活。

目录
CONTENTS

序　言 ··· 1

第一章　导　论 ··· 1
第一节　研究背景 ·· 1
第二节　研究设计 ··· 13

第二章　更新理念找准作业变革切入点 ···································· 17
第一节　科学作业观的确立 ·· 17
第二节　有效作业标准的研制 ··· 20
第三节　明确作业的功能与特点 ·· 23

第三章　循序渐进探索有效作业设计路径 ································· 29
第一节　由单一性作业向综合性作业转变 ································· 29
第二节　由传统性作业向生活性作业转变 ································· 67
第三节　分层作业的设计 ··· 80
第四节　渗透于课堂评价体系中 ·· 114
第五节　借助现代化技术教育手段和思维导图策略 ··················· 125

第四章　集团整合促有效作业阶梯推进 ·································· 128
第一节　纵向衔接探索独立学科作业有效性 ··························· 128
第二节　横向融合探索跨学科作业实效性 ······························ 134
第三节　五育并举探索生活实践类作业实效性 ························ 143

附录　优秀教师论文 ·· 147

第一章 导 论

第一节 研究背景

一、实现需求

（一）政策要求

党的十七大报告指出"要减轻中小学过重的课业负担"。《国家中长期教育改革和发展规划纲要（2010—2020年）》（公开征求意见稿）就减轻中小学课业负担进行了说明和要求，第一次将减轻中小学过重的课业负担提高到了国家层面、政府层面。

2014年8月，北京市发布《北京市中小学培育和践行社会主义核心价值观的实施意见》。按照实施意见要求，北京市将加强实践体验活动载体和平台建设，实施"一十百千工程"。具体为：每个学生在中小学学习期间至少参加一次天安门广场升旗仪式，分别走进一次国家博物馆、首都博物馆和抗日战争纪念馆；至少参加十次集体组织的社会公益活动；观看百部优秀影视作品，阅读百本优秀图书；学习了解百位中外英雄人物、先进人物的典型事迹……。意见表明，中小学校各学科平均应有不低于10%的课时在社会大课堂进行。

按照要求，中小学校将引导学生参加志愿服务，学习英雄人物和先进人物，推进中华优秀传统文化教育，实现社会主义核心价值观进教材、进课堂、进学生头脑。这就表明，学生的发展不仅体现在课内学习，更包括课外的延伸学习。

为贯彻落实党的十八届三中全会精神，深化教育领域综合改革，解决基础教育学科教育教学中存在的深层次问题，北京市教委组织制定了《北京市中小学语文学科教学改进意见》《北京市中小学英语学科教学改进意见》

《北京市初中科学类学科教学改进意见》。强调依据课程标准开展教学，培育和践行社会主义核心价值观，构建开放性的教与学模式，倡导"玩中学""做中学"，为学生提供丰富的体验、合作、探究类的学习活动，共同推动整合博物馆、科技馆、大学实验室和图书馆等社会资源。改进意见无疑与上面的培育和践行社会主义核心价值观的要求相一致。

2021年，教育部办公厅印发的《关于加强义务教育学校作业管理的通知》、中共中央办公厅、国务院办公厅印发的《关于进一步减轻义务教育阶段学生作业负担和校外培训负担的意见》、中共北京市委办公厅、北京市人民政府办公厅印发的《北京市关于进一步减轻义务教育阶段学生作业负担和校外培训负担的措施》和北京市西城区关于"双减"工作的基本要求，切实解决了当前存在的作业量较大、形式较单一，实践性、开放性和趣味性不足等问题。严控书面作业总量，创新作业类型和方式，发挥作业促进学生学习和成长的育人功能，提高教师的作业设计、布置、批改、反馈和指导能力。

综上所述，我们更加明确了教学改革的方向和内容，明确了课堂教学的实质及对学生的培养要求。这就要求我们要坚持课堂教育与实践教育相结合，既要充分发挥课堂教学的主渠道作用，又要注重发挥课外活动和社会实践的重要作用。这样的要求不仅要落实在日常课堂教学中，更应该采用多种形式加以落实，使学生的知识内化，进而转化为自身的素养与能力。

（二）教育集团的现实需求

北京市第九中学教育集团（简称九中集团）成立于2010年5月，成员包括我校高中部、初中部及其他中小学共五所。教育集团的建立旨在形成教育合作互助共同体，形成学校办学规模效应，实现优势互补，促进各类学校的协调发展。集团的建立为我们提供了更丰富、更优质的资源，使中小学、初高中的衔接更为顺畅，实现了垂直整合的教育教学理想；不同学段、不同学科的资源整合又为我们的课题研究提供了更广阔的研究背景。

鉴于此，本课题拟以教育集团为依托，在各学段开展作业有效性研究，旨在体现小学、初中、高中的不同课程要求，突出学段特色，为减轻学生负担，提高学生能力打好基础。同时坚持针对性与系统性相结合，根据不同学段学生的身心发展特点，区分层次，突出重点，加强各学段的有机衔接，逐步推进。同时研究数据得来的内容更为丰富而有价值，有利于课题的推广，发挥教育集团的引领示范作用。

（三）作业有效性面临的现状——教师实际和学生实际

课堂教学改革走过了一个传统低效、负效课堂→有效课堂→高效课堂的过程。通过改变课堂模式，旨在最大幅度提升单位时间效益，进而让每一分钟都更有价值和意义。新课改主张的"自主、合作、探究"正是高效课堂的"六字箴言"。而作业是课堂教学的补充和延续，是巩固课堂教学、提高学生学习成绩的一个重要组成部分，是教师用来检查教学效果、指导学生学习的教学手段之一，是培养学生综合运用语言能力的有效途径。作业是学生课堂学习之外最主要的学习方式之一。课堂上所学的知识，要通过作业来巩固并加以掌握，进而使所学知识内化为学生的能力并使学生取得进步。也就是说，作业是学生掌握所学知识、形成能力、成长进步的有效手段。

现行作业设计中存在着一些问题。如，作业内容上，重知识再现，轻知识运用；作业形式上，重统一规范，轻个性发挥；作业评价上，重标准答案，轻思考过程；作业目的上，重巩固测试，轻导学激励。因而，作业的有效性没有充分凸显。

对于教师个人而言，作业布置的科学性和有效性差异很大。有的教师布置作业较为随意，目标失度，任意拔高或降低作业的难度，导致学生复习巩固比较茫然；有的教师过多追求机械式作业，在作业量上有些失控，练习量虽大却泯灭了学生学习的兴趣；有的教师课外作业多于课内作业，书面作业多于实践作业，识记理解作业多于表达运用作业，形式求新求异却不落实，等等。

对于学生而言，最突出的表现就是作业多，需要花费的时间长，作业完成质量、效率不高。因此，学生在作业的完成上就存在这样几种情况：为了完成而完成，不能达到老师的预期目标；只限于完成简单易写的作业，完成感兴趣的作业，而放弃能力型、实践型的作业；只完成硬性作业，而不完成软性、弹性作业；只完成某一科目的作业，等等。

因此，以作业有效性为突破口，一方面减轻学生的课业负担，另一方面从细、小、实处入手，北京市第九中学教育集团的各个学校从不同学段出发，尊重学生的认知水平和发展规律，尊重学生的个体差异，培养学生的可持续学习力并开展校际的联合与跨学段、跨学科的研究，进行作业有效性的探索与实践，以达到提升教学质量与效率的目的。

二、研究意义

我们期待通过自己的努力和尝试，改变以往作业形式单一、效果低下、学生作业负担过重的情况，建构起与新课改相适应并能有效提高学生学科能力和素养的作业模式，从而减轻学生的课业负担，提高学习效率，激发学生的学习兴趣，培养学生的实践能力和创新精神，使作业设计与评价达到最优化，促进学生发展。同时，教学是由师生的共同活动构成的，所以有效作业的研究不仅要给予学生继续学习的兴趣和信心，还要使学生的学习成为持续有效的学习。同时，作业有效性研究还包括它所带来的教师的满足感和进一步自我完善的愿望，促进教师的专业成长。

更重要的是要打破学制壁垒，使小学中学衔接、初中高中衔接更加顺畅，整体规划集团内教学工作，有利于教学质量的进一步提升。从学生个体而言，集团对课程进行整体打造，有利于学生的个性发展。

三、已有研究进展

（一）核心概念界定

1.作业

探明作业的本质属性，对于我们正确认识减负工作具有重要意义。通过语义分析，作业的本义是做或从事某项工作、任务或活动。近代以来，对于作业在教育领域的实际含义出现了不同历史阶段的三种认识：一是作业即知识操练，扬·阿姆斯·夸美纽斯（Johann Amos Comenius）首先在《大教学论》里把练习引入到了教学过程之中，视练习为巩固知识的重要方法；二是作业即心智训练，作业除了巩固、复习知识，更为重要的是养成某种好的思维习惯和心理品质；三是作业即自我探究，约翰·杜威（John Dewey）基于实用主义哲学，提出作业不是机械的知识操练，也不是复杂的心智训练，而是儿童自我探究的过程，是作为科学地去理解自然的原料和过程的活动中心，作为引导儿童去认识人类历史发展的起点。

作业是学生为达到学习目标、完成既定任务而开展的学习活动。由于教学过程按时空可分为课内和课外两段，学生的作业也就分为课内作业和课外作业两种。课内作业也叫课堂作业，它是教师在课堂上直接指导或和学生共同讨论进行的。课外作业是在课堂以外进行的，是课堂教学的继续。二者又均可分为书面作业和非书面作业两种。其目的在于一方面使学生巩固并对所学知识融会贯通，使知识系统化，同时增强学生学习新知识的自觉性、积极性，扩大学生视野，让学生加深理解课堂上所学习的知识以增强学生的感性认识，另一方面提高学生对社会生活的观察能力、动手能力，提升学生思考解决问题的能力、合作探究能力等。

所以，本课题中所涉及的作业概念均沿用上面对作业概念的解释。只是根据学习内容与要求的不同，需制定不同形式、类型的课内外作业，以提高学生学习效率。

2.作业有效性

对有效性的理解，可以从有效果、有效率、有效应三个基本视角进行考察。所谓有效果是指达成预期的知识技能目标，做到知识巩固、成绩进步、能力提高。有效率是指以少量的时间投入取得较高的成果产出，达成或超过预期的目标，是能够实现期望目标的增值教学。有效应是指从有效的"理想"转化为有效的"思维"，再转化为一种有效的"实践"。同时有效应也包括在此过程中激发学生的学习兴趣和学习的主动性，让学生获得可持续的学习与发展等。

为此，对作业有效性我们做这样的阐释：在一定时间内，根据对作业形式、内容、数量等方面的要求，为学生提供丰富的体验、合作、探究类的学习活动，布置各种适合各个学段的阶梯作业与学科整合作业，并通过作业的独立或合作完成，达到学习、巩固、内化知识，促进学生思维，提高其素养与能力的目的。

（二）已有研究进展

关于家庭作业的研究，国内外已取得了不少显著的成绩，沉淀下很多值得我们学习的经验，如作业的形式、内容、难度、量度、影响等方面，对我们的作业设计有一定的指导意见。

1.作业设计形式

奥斯波恩认为教辅中有相当一部分题目让人感到迷惘或不值一提。他提出作业应具备如下四点：①布置的作业学生可独立自主完成。②作业要有趣味性，能体现各类型及完成的步骤与思想。③能时常和学生进行快乐的综合阅读。④作业的内容需有关生活。这四点对于我们科学、合理、高效地设计作业形式有很大启发，尤其是作业需贴近生活，这是我们现在实践活动课以及其他各个学科所着力要实现的关键点。

英国中小学生课程作业主要有四种类型：①实践作业。即指有教师指导的各种实验，独立观察、独立完成的美术作品及各种动手能力的测试；②书面作业。即指客观性测试，其形式有简答题、抢答题、写随笔、论文、观察报告、评论、调查报告、科研项目等；③口头、听力作业；④表演作业。在这四类作业中，需要我们着力挖掘和提高的是实践作业和表演作业，尤其是表演作业，让学生设身处地地沉浸在某个角色中来感受人物的言行情感，对于加深学生对文本的理解和鉴赏有很大的帮助。

美国教育家约翰·杜威的课程理论启示我们，无论是语文、外语、政治等人文社会课程，还是数学、物理、化学等自然课程，都可以用贴近学生日常生活的形式来布置作业的内容，并可以让学生在其中获得求知所带给他们的愉悦感受。贴近生活的作业通过学生将课堂中所学习的知识运用到现实生活中去，不仅能加深学生对知识的印象，还能激发学生的学习热情。

值得一提的还有美国的交互式家庭作业。《美国交互式家庭作业及其启示》中提出，这种作业形式主要包含七个环节且环环相扣。设计作业→告知家长作业任务与目标→列出完成步骤→分配作业任务角色→家长与学生共同实施作业活动→作业反馈→改进作业设计。这种作业形式可更好地发挥作业的功能，尤其是让家长参与到学生的家庭作业活动中，可以帮助、督促学生认真努力地完成作业，极大促进作业有效性的提升。

谈振华在《课堂教学理论读本》一书中谈及作业的设计。他认为，教师要做好准备、审题、解题、反馈、提高五个方面的指导工作。教师需将作业明确化，内容符合大纲要求并与课本匹配。选取适量难度与学生适配性高的典型性习题。

2001年，上海师范大学教育学系的陈剑华教授在《关于中小学作业形式、作业评价问题的思考》中从作业形式的设计、内容、作业发生的场所与时间方面以及作业承担者、作业兴趣等多个方面做了分析，尤其是文章中提出的以下七种作业设计形式对我们启发很大：①录音作业；②课本剧作业；③画示意图作业；④调查采访性作业；⑤分层作业，适合从学生的不同发展水平出发，确立一些有效的课程形式；⑥自主型作业，学生在教师的引导下，自主选择、参与作业内容的设计；⑦养成型作业，教师把培养学生良好的学习、生活习惯作为养成型作业，请家长或社会对学生作出评价并向学校反馈。这七种作业设计形式可以供各学科教师根据自己的学科需要和特点进行具体实践。

裴维华在《如何优化初中语文作业设计》一文中提出，初中语文作业设计既要符合语文课程标准，又要符合学生的求知心理，使初中语文作业设计具有层次性、趣味性、目的性、实践性、开放性等，以使语文作业更具有合理性。郑喜利在《优化作业设计　提高教学效率》中提出要提升语文作业设计的高度，开展分层作业设计，培养学生发散思维，明确作业设计方向，在设计作业时要考虑到学生能力的差异，从整体出发，进一步提高语文教学的效率。从这两篇论文可以知道，增加作业设计的层次性、目的性、实践性是提高作业科学化的有效途径，不仅语文作业设计如此，其他各学科作业设计亦如此。

张巧文在《多元智力观对作业设计的启示》一文中提到，教师要设计出适应学生发展的多元作业，达到"面向全体学生"，促进每个学生的个性发展。这一观点正符合现在我校"全人教育"的教学理念，但是对于各科老师如何针对本学科的情况设计出多元作业，还需要进一步的探索。

近年来，国内出现了一种新的作业形式——弹性作业。弹性作业是指教师让学生根据自身的情况自主选择作业，对作业形式、内容、难度、量度、时量、作业评价等要求存在差异。也可是在学生完成必要的刚性作业的前提下，老师依据学生间的差异调整作业的数量与时量。

由此我们可以看出，关于作业的研究主要集中在作业的设计内容是否符合学生的内心需要，作业对学生自我认知的影响及作业与生活的关系等方面。这些研究都倾向于作业设计的内在要求层面，强调这种家庭作业能够使学生意识到他们所学知识的价值，又能够使学生对学校形成一种积极的态度，培养他们适应生活的能力。

2.作业量度

提摩西·基恩（Timothy Kean）认为，对于任何能力水平的人来讲，增加作业量会使成绩提高。但家庭作业量不可以无限的增加，只能适量，超过一定界限，成绩反而会下降。科普尔对美国1-9年级家庭作业量的建议是：1-3年级每周1-3次，每次15分钟；4-6年级每周2-4次；7-9年级每周3-5次。科普尔的研究还表明，必做和选做相结合的灵活性家庭作业最有益于学生的学习。美国学者古德（Good, T.L.）和布罗菲（Brophy, J.E.）在其所著的《透视课堂》一书中的研究表明，用于做练习册的时间与学生学习水平的提高并不相关。教师要改进练习题的风格，多补充些有意义的活动或者不要频繁地使用练习册。不要让学生总是独自做作业，相反，要让三五个同学共同完成一些作业。学生感兴趣的作业也会激励学生长时间地坚持完成任务。这表明持久力和学习的态度与情感相关。

哈里斯·库帕（Cooper）也做过这方面的研究[1]，他对田纳西州三个学区的709名中小学学生进行了调查，根据九项关于学生的作业完成量与其成绩的相关研究，绘制了一张成绩水平与时间效率的关系图：曲线的走势在低年级阶段呈现平稳的趋势，这说明小学生成绩的提高与作业量的相关性不大；初中以后，作业的时间与学业成绩明显相关，在作业量合理的范围内，随着作业量的增大，初中生的学业成绩会随之不断提高；而在高中阶段，曲线则持续向上延伸。这个研究说明，学生学业成绩与作业完成量存在较大的相关性。尤其在初中和高中阶段，作业量与学生学习成绩正相关。Bonyun回顾了二十个1985年至1991年的作业研究，其中大多数都是在加拿大的高中进行的。这些研究得出了一个共同的结论，即"学习成绩好的学生比成绩差的学生完成的作业更多，作业完成量与学生学习成绩正相关"。

总之，国外的大多数研究表明，花更多时间做作业的学生在学校的成绩要更好一些，而且这种情况会随着年级的升高变得更加显著。西方学者普遍认为作业量与学生的学习成绩是具有相关性的，但并不总是正相关，他们在肯定作业的积极作用的同时，也指出过量的作业会带来一些消极影响。

贾红艳在《完善初中作业管理的方法》中提出了有效措施，如：加强对作业量的管理，在作业质的管理方面提出了层次性、合作探究性、综合性等原则，同时提出了作业评价的新方式，如互批互改、自批自改、二次记分等。

---

[1] 贝克赛奈特, 张斌. 谈谈家庭作业[J]. 山东教育科研, 2000(Z1): 66-68.

斜方健在《有效分层作业管理的实践研究——以某实验性示范性高中物理学科为例》中提出了作业管理的有关问题，并据此提出了分层作业管理的有效策略，如：目的方面的分层、形式与内容方面的分层、难度方面的分层、时间和量方面的分层、学生个体差异方面的分层等。

孟娟在《新课程下的作业布置———种新的学习观》中提出，改变目前中小学的作业布置是课程改革的重要方面。她分析新课程下的作业布置要做到以下四个方面：一是作业量要具有弹性，体现自主性；二是作业内容要具有开放性，体现多样性；三是作业形式要多样化，体现探究性；四是作业结果要公开化，体现交往性。

由此可见，作业的量要具有弹性，使不同学习能力层次的学生都能在作业中有所收获，也就是说，教师需根据学生的差异调整作业的数量和难度，难度系数大的作业可以满足学习优秀的学生的学习欲望并激发他们继续深入地探究，难度系数小的作业可以满足学习困难的学生的自信心。另外，在教师给学生的"作业超市"中，学生要加强自己对作业量的管理，尽量在自己能力范围内足额足量地完成作业。

3.作业难度

值得关注的是，学者沙塔洛夫赞成将作业划分为两类，充分体现因材施教理念。第一类针对全体学生，即全部学生均具备完成这类作业题目的能力，且无论学生对该门学科是否感兴趣都一定能完成。第二类则面向对本学科有特别偏好的学生，难度足够让学习优秀的学生的学习欲望得以满足。当作业成为学生的内需，学生将会在学习中充分发挥主观能动性，从而使作业转化为兴趣而非负担。

Bempechat, Li, Neier, Gillis和Holloway（2011）通过定性研究表明，高分者和低分者对家庭作业的期盼指数有差异。高分者积极主动做作业，并有效开展自我管理，低分者不服从且不愿意把精力投入到作业当中。

总之，国外的大多数研究表明，作业设计的难度一定要考虑学生的能力水平，否则，难度太大会极大地打击学生学习的积极性和主动性；但是难度太低的话，又会降低学习优秀的学生强烈的学习欲望，所以教师需合理设计作业的数量和难度系数高的作业的分布。

为了优化作业状况，彭光焰提到了黛安·蒙哥马利（Diane Montgomery）

的CBG原则。CBG原则即抓住学生的优良状态并给予鼓励，帮助学生建立自信，让学生有自我效能感从而更好地学习。在实践中我们往往忽视了学生在作业中的情感，这就导致我们对作业功能的片面理解，从而未能充分发挥出作业的功效。

鲁子问研究了如何应对学生在学习方面所表现出的两极分化问题。他在《英语教育动态原则与真实原则论》中提到，首先得重新定义学习困难的学生，这需要适度调整评价标准，不采取整齐划一的活动与要求，而是为那些学习上有困难的学生特别设计一些环节。同时鼓励学生在学习中多合作交流。给学生设置循序渐进的任务，多给学生展示的机会并给予鼓励，让他们在此过程中收获成功的欣喜。

何蕾通过实验讨论了作业的反映方式和表征方式对学生的影响，并提出数学作业设计应注意习题的启发性、典型性、形式多样性与难度合适性。陆晨在论文中通过实验分析等得出结论，即作业设计应从学生出发，作业的有效性与习题呈现方式、难度及量度息息相关。

由此可见，作业难度的设计更要注意作业的典型性、启发性和难度合适性，以帮助学生树立学习的兴趣和自信心，从而让学生更加有效地完成作业。

4.作业评价

作业评价也是教学中不可缺少的重要环节，它对提高作业的有效性有着举足轻重的作用。关于作业批改环节，仲发禄认为首先教师要有科学的作业观，可用评语激励学生的积极性，也可用多种标记或符号巧妙地指出学生作业中的错误。同时可采用几种批改方式相结合的方法以充分调动学生的主观能动性。在"青浦实验"中关于作业批改的对照实验表明，书面激励性评语能使各个层次的学生学习热情提高，对学生的成绩也起到保持促进与提升的作用。谭武昌在硕士论文中通过对教师批改作业的比较得出，作业的监督反馈功能相当显著，作业批改将直接影响作业的有效性从而影响学生的学习效果。

谈振华在《课堂教学理论读本》中在教师批改与讲评作业方面提出了五点要求：①按时收作业，及时批作业，及时发还作业；②全面了解学生的思路；③批改要认真细致，有调查研究；④批改作业要和学生作业成绩评定相结合；⑤要有定期作业讲评。作业批改中还应注意"三个结合"，"粗改"与

"精批"相结合；学生"自改"与"互改"相结合；基础性作业和提高性作业相结合。张立强在《作业批语应突出"六性"》中认为作业评语要具有客观性、激励性、情感性、针对性、可读性、启发性。各个学科教师的作业批改要求和有激励性的评语对于提高作业的有效性、激发学生完成作业的积极性和兴趣感是很有帮助的。

严颖娜在《新课程语文学习评价理念与实践》中提出了语文学习评价内容包括形成性评价、诊断性评价、终结性评价，同时提出语文学习评价的策略包括档案袋评价、情境性评价、作业评价以及考试评价，最后她又对语文学习评价的问题进行了反思并建构了语文学习评价的新体系。这些评价内容和评价策略对于其他学科的学习评价也有很大的指导意义。

5.作业与学生减负

现在学生的作业主要聚焦于教材知识的巩固和精熟化，而那些教材知识往往是标准化的、面向考试的，远离学生的现实生活和经验世界。承载这些知识的作业对于学生来说就会变成一种沉重的负担，这是由此类知识的客观属性以及机械化的生成方式决定的。如果减负的内容只是减少这类作业的知识量，而不是关注知识类型及其生成方式的转变，那只会让我们误入歧途，越减越"负"。被我们长期忽视的后两类作业的知识性质及其生成方式，也就是指向心智训练和自我探究的作业，应该重新被评估，这样才能让我们更好地把握减负的内容指向。

作业是儿童改造经验和走向成熟的媒介或手段，儿童的成长才是作业的目的。减负的目的在于通过作业来解放儿童的头、手、眼睛、嘴巴和空间。旨在心智训练的作业不仅关注知识与儿童生活的联系，而且强调儿童的主动参与和心理体验，关注儿童兴趣和思维的良好发展，减负的内容指向丰富知识类型及其建构方式，作业是因应了儿童的各种兴趣、探究和创造的本能，设置社会情境，提供活动机会，引导儿童主动探究以经验为中心的学科世界，不断丰富、扩展儿童的直接经验和学科认知及其对生活的意义。

当前减负工作一直在减少作业量和作业时间上下工夫、出政策，没有深入思考什么样的作业适合学生以及学生为什么做作业等问题。

另外，综观我国近年来关于作业改革的研究可发现，时间超标、内容形式单一枯燥、评价反馈生硬等问题突出，作业加重了学生负担成为一种共识。且一些调研发现，许多让学生花大量时间做的作业恰恰是一些以抄写、背诵或计算等机械重复的题型为主的作业。

6. 关于作业设计生活化的研究

在有关作业设计生活化的研究中，主要的探索与思考是：作业要改变脱离生活的状况而贴近生活。设计生活化的作业，应基于学生、学科的需要，从丰富多彩的现实生活中鉴别、提炼出有价值、有意义的素材，以使作业与现实生活有机联系起来，让学生感受到知识的价值和活力，激发出学生学习的热情，锻炼自身的能力，体验到自身的价值。

研究的不足之处在于，多侧重学科素养的培养，很少有对学科融合的设计研究。

7. 关于实践类作业的研究

在有关实践类作业的研究中，主要有以下的探索与思考：应从设计原则、设计要求、实施途径和作业评价等方面来构建和优化作业体系。应根据教材及各年级学生在认知、能力、经验等方面的差异，科学地把握设计原则、设计要求。同时应结合教材资源、学校资源、社会资源，设计开展形式多样的实践活动。注重实践作业完成后的评价工作，把握评价原则，进行多种形式与方法的评价。任课教师应在注重作业设计、提升自身素养和总结反思三方面对自身提出要求。最大限度地拓展学生实践活动的空间，充分调动学生完成作业的积极性，使学生在实践过程中丰富知识、拓宽视野、培养能力。

实践作业研究的不足之处在于，多在理论层面探讨，系统性设计案例不足。

8. 关于学生综合素养的研究

（1）人文素养。

人文素养的核心内容是对人类生存意义和价值的关怀，也就是人文精神。人文素养的灵魂不是"能力"，而是"以人为对象、以人为中心的精神"，其实是一种为人处世的基本的"德性"、"价值观"和"人生哲学"。它追求人生和社会的美好境界，推崇人的感性和情感，看重人的想象性和生活的多样化，主张思想自由和个性解放，以人的价值、人的感受、人的尊严为尺度。人文素养的培养和熏陶可通过通识教育来进行。但不光是学校教育，还要通过各种媒介和社会教育，加强人们的人文素养。人文教育主要体现在文学、艺术、历史、哲学等方面。

（2）科学素养。

科学素养指人们对科学和技术的基本知识、基本观点和科学价值的基本理解，主要包括科学知识、科学方法和科学对社会的影响三个方面。国际科学素养发展中心（芝加哥）主任米勒（Miller）在总结前人对科学素养的分析后，于1983年提出三维模式，即：①关于科学概念的理解；②关于科学过程和科学方法的认识；③关于科学、技术和社会的相互关系的认识。在20世纪90年代，全球范围的公众科学素养测试纷纷展开，基本上是按照米勒的体系（三个维度），把科学素养定义为科学知识、科学方法和科学对社会的影响三个方面。

同样，根据我们收集的资料不难看出，现阶段国内对作业的探究非常多且均具有各自不同的侧重点，分别呈现出关于作业的典型性、质量性、多样性的研究成果。

更为重要的是，我们可以看到，关于作业的有效性课题，都是以某个学校或个人为单位进行研究，虽注重了作业分层，但以教育集团为依托，开展各学段作业有效性研究，注重学段间联系与衔接的研究却没有充分显现。因此，我们课题从集团入手就成为一大亮点，我们追求的创新点就在于可以做到学段的衔接与各学段跨学科的整合。同时，重在抓落实，不追求高大上，从基本做起，尊重各学段学生的发展规律，制定作业有效性的标准，开发作业设计的基本原则并进行作业的有效性设计，在实际教学中实施改进，探索出一条通过作业有效提升教学质量的课改之路。

第二节　研究设计

一、研究目标和研究假设

（一）研究目标

（1）改进或创新原有的作业方式，探索出作业有效性设计的标准、原则，使作业形式多样化。

（2）建构起与新课改相适应并能有效提高学生学科能力和素养的作业模

式，探索研究有效作业途径。

（3）通过有效作业设计，减轻学生的课业负担，提高学习效率，使作业设计与评价达到最优化，促进学生可持续发展；通过有效作业，做到教学相长，促进教师的自我发展与提升。

（4）打破学制壁垒，使小学中学衔接、初中高中衔接更加顺畅，整体规划集团内教学工作，有利于教学质量的进一步提升。

（5）在适用于九中集团的各个学段的同时，能够具有引领和推广价值，为本区域的课改提供示范辐射作用。

（二）研究假设

通过对小学、初中、高中各个学科作业有效性的研究，探索出各个学段、各个学科作业有效性设计的标准、原则、策略和方法，为学生高效率地习得科学知识和技能提供有利条件，也为学生有更充足的时间去进行课外社会实践提供了知识和时间上的保障；同时，作为教师，也需要更科学地备教材、备学生、备课堂，从而提高教师设计作业的能力和专业素养；另外，通过本课题的研究，还将构建起以作业有效性为载体的优质课堂的跨学科及垂直整合的课堂教学模式，并逐渐将该教学模式应用于九中集团的各个学段，进一步发挥其引领和推广价值，为本区的课改提供示范辐射作用。

二、研究方法

具体采用的研究方法有：行动研究法、案例研究法、跨学科研究法。

行动研究法：教师在教育教学实践中基于实际问题解决的需要，与专家合作，将问题发展成研究课题进行系统地研究，以解决问题为目的的一种研究方法。本研究诚邀教育教学方面的专家给予指点，力图找到促使作业高效的方法和策略。

案例研究法：运用对小学、初中、高中各个学科学生作业的数据、档案材料、访谈、观察等方法收集数据，并对这些数据进行分析从而得出促进作业有效性的方法和策略。

跨学科研究法：运用跨学科的理论、方法和成果对数、理、化、生等大理综学科及语、史、地、政等大文综学科从整体上对某一问题进行跨学科综合处理作业的研究方法。

三、研究过程

（一）学习理论、转变观念

自课题立项以来，学校利用集体教研时间加强新课程改革理论的学习，特别是新课程的基本理念和教育评价理论的学习。绝大部分老师逐渐转变了思想观念，树立了教育民主的思想，把"以学生为本"的理念根植于思想深处，落实到教学的每一个环节，这其中就包括作业的设计与批阅。已经初步形成了教师设计作业而不是布置作业的良性发展局面。

学生在做作业的过程中获得了学习的成功体验，再不仅仅是为了完成作业而做作业，营造了一种和谐、轻松、愉悦的学习氛围。

（二）充分调查、发现问题

课题启动初期，课题组对全校不同年级的多名学生进行了分层随机访谈，了解学生作业的状况，倾听学生的心声。经过整理分析，发现学生的作业负担有"四过"倾向：完成作业需要的时间过长；简单重复的练习过多；作业形式过于单调；作业要求过于整齐划一。另外老师在批改作业时过于规范化、模式化。此外，我们还了解了学生对作业形式、作业量、老师批改等方面的需求与期盼，为下一步的理论学习研究和方案设计提供了第一手材料。

（三）建立组织、制定制度

针对学生中存在的课业负担过重以及由此带来的作业抄袭、厌学等现象，我们迅速行动，在课题立项前就成立了以副校长为组长、各学科教学骨干为成员的课题研究机构，并紧锣密鼓地开展课题研究工作，同时制定了有关作业设计、作业量控制、作业批改规范等方面的制度作为学校教学常规工作制度的重要组成部分，力求尽快扭转局面，使学生在新的作业模式中愉悦成长。

（四）分层作业、分层评价

针对我校学生的实际情况，我们提出作业精选精练、精批精导，大力推进作业分层、评价分层，为课题的研究进一步明确了方向和重点，注入了新的动力。由于每个学生的智力水平、思想能力、学习习惯、生活环境的不同，他们所表现出来的学习能力也不尽相同。因此，教师在进行作业设计时，要尽量照顾到各个层面的学生，给每一类学生都提供积极学习的机会。

可根据教学目标把作业设计成几个不同等级，引导学生根据自身学习水平选择作业，就能给学生一种心理暗示："这是专门给我设计的作业，我一定能完成好！"学生有了这份信心和决心，作业的质量自然而然就提高了。在作业量方面，也需要让学生自主选择。教师首先确定目标，然后把练习的主动权交给学生，让他们根据自己的能力来选择作业量。这样，学生注意力会更加集中，作业也会更加有效。

第二章　更新理念找准作业变革切入点

随着课改与考改的进一步深入，作业已不再是单纯意义上的课下完成的学习任务，作业研究已融汇在学习的全过程中，作业是教师引导学生开展自主学习，承载学习内容、体现学习方式、实施过程性评价的任务。以学科课程标准、学科核心素养为依据，从作业的功能及特点出发，制定各学段、各学科有效作业标准。

第一节　科学作业观的确立

观念是行动的先导。实施有效作业，教师应坚持以生为本，确立与现代教学和新课程理念相符合的科学作业观。

一、有效作业观

有效作业观是师生对作业效率与效益的自觉意识和追求意向。首先，通过研究让教师确立有效作业观，深化作业质量和效率观念，通过对作业系统化的科学设计和作业方法策略的优化，达到作业质量和效率的最佳状态，提高作业的实效性。其次，形成整体和长远的作业效益意识，重视作业对学生终身发展的效益，强调给予学生一生有价值的东西。

二、作业的多维目标与功能观

教师改变以知识掌握和技能训练为目的的单维作业目标和功能观，逐步使学生的作业过程转化为"知识与技能、过程与方法、情感态度与价值观念"三维目标整体实现的生命成长过程，实现从以知识为本位的单维作业目标功能观向以发展为本位的多维目标功能观的转移。

三、差异作业观

教师确立差异作业的观念，承认和尊重学生的差异，充分考虑学生知识基础和年龄特点的实际，根据学生的实际情况精心设计具有差异性和选择性的作业，在作业的内容、形式、数量和难度上给学生提供自主选择的机会和空间，实施难易适度的个性化差异作业，让学生在完成差异性和选择性的作业中因材施教，力争让每个学生在适合自己"最近发展区"的作业中取得成功，获得轻松、愉快、满足的心理体验，使每个学生在原有基础上得到完善、自由的发展。

四、创新学习作业观

在接受学习的基础上加强创新学习是新课程提出的重要理念和要求。因此，我们树立创新学习的作业观，在作业中改变单纯进行接受性、巩固性练习的现象，在作业设计和布置时注重作业内容、过程和解决问题方法的开放性、生成性、过程性、探究性和实践性，体现对学生创新能力及其综合素质的培养，重视实践操作和引导探索活动，通过创新性作业引导学生在接受学习的基础上进行创新性学习，提高学生发现、吸收新信息和解决新问题的能力。

五、学生主体观

学生是作业的主体，不仅意味着学生是教师布置作业的完成人，更强调学生对作业的自我设计、规划和布置，强调学生在完成作业的过程中应体现自主性、能动性和创造性，对自己的学习活动具有支配和控制的权力和能力，在作业的各个环节和阶段进行自我计划、自我调整、自我指导、自我强化、自我检查、自我总结、自我评价、自我补救，从而实现全面、主动、生动活泼地发展。

对于小学生来说，如果作业的形式过于呆板，内容比较枯燥，趣味性不高，就会大大降低学生对学习的兴趣。因此，老师在设计作业时，应紧跟学生的心理需求，设计的作业要有一定的趣味性。

★低年级数学作业设计

例1：低年级学生想象力丰富，喜欢听故事、爱讲故事。在学习了"位置"这一知识点后，给学生设计看图编故事作业。利用人教版一年级上册教材中11页第3题材料，用前、后、上、下编故事。学生把自己编的故事讲给家长听、在微信群中直接讲给大家听或请家长帮助录音放给同学听。每次听到自己创编的故事播放给大家听时，同学们可骄傲了！

例2：教学"认识图形"后布置"设计图案"作业，学生在展示运用三角形、长方形、圆形拼成的"树林""轮船"等作品时兴趣浓厚。

例3：低年级孩子独立、自主学习能力较弱，喜欢以游戏的形式完成作业，愿意在家长的陪伴下完成。家长也想更多地了解孩子的学习情况。一年级学生学习了10以内加减法后，设计了利用数字卡片玩游戏的作业。游戏规则：1.每人出一张数字卡片，数字卡片较大的同学说加或减，数字卡片较小的同学说得数。2.说对得数的同学出两张卡片，说加或减，再由说错得数的同学说得数。3.玩游戏的两个人也可以自己约定规则。学生很喜欢这个游戏，通过这个游戏，学生们的口算正确率和速度都提高了。

小学生由于受年龄特点和认知水平的制约，动机兴趣会直接影响学习活动。那些新颖、生动、灵活多变的事物往往容易引起学生的兴趣，促使他们的思维始终处于积极状态，产生强烈的求知欲，使其进入最佳学习状态。根据这一规律，教师在设计小学数学作业时应从学生的年龄特征和生活经验出发，设计具有童趣性的作业，以激发学生的学习兴趣和学习热情，使学生成为一个乐学者。

★低年级语文作业设计

在语文教学过程中，兴趣才是学生完成作业最有效的方法，老师一定要为学生设计借助多种感官共同融合完成的作业。

★三年级语文作业设计

三年级第三单元习作是围绕本单元的主题"细心观察"安排的，它是学习课文的延伸，又是口语交际的继续。目的是训练学生通过眼、耳、鼻、舌等多种感觉器官仔细观察，体会各种现象，并把观察结果以日记形式记录下来。观察的内容很广，可以是自然现象、植物的生长过程、动物的生活习性，等等。可以写一次的观察内容，也可以记录一个阶段连续的观察内容。

本次实践作业正是结合了这个内容。教师让学生们亲自泡豆子并进行观察，写观察日记。要求：1.亲手泡豆子。2.观察豆子的变化，用图画或者文字记录。3.根据自己的记录完成观察日记。学生非常喜欢这样的作业，期间观察得也非常细致，观察日记写得十分生动具体。

★小学生英语作业设计

学习了生活用品相关英语词汇后，教师让学生自制标签并贴在自己相应的生活用品上。如，可以给家里的电脑贴上"computer"，桌子贴上"table"，椅子贴上"chair"，钟表贴上"clock"，有些学生很有创新，在玩具娃娃上贴上了"a nice doll"，这让我们真切地感受到了学生的纯真与个性，充满了童趣和人文气息。让学生把学到的知识运用到实践生活中去，不但培养了学生的创新思维，又真正让学生做到了学以致用。

第二节 有效作业标准的研制

"拿来主义"作业即为课后习题、教辅练习、教师整合的现有练习等。这些作业虽然在一定程度上起到了训练学生思维、巩固所学知识的作用，但内容和形式上千篇一律，缺乏针对性、层次性、创造性，因此效果也不尽相同。尤其有些学习内容在课内并没有现成的作业，这就更需要教师发挥主观能动性，自主设计与课堂教学相结合的作业，使学习"有效果、有效率、有效应"。为此，在制定有效作业标准时，除了考虑课标要求、学科特点、学生素养之外，还应关注"教学—作业—评价"的一致性。为了更好地进行研究，我们在原有基础上，对有效作业的标准进行了相应的修订。

一、教师自主设计作业

教师制定出自己的作业安排计划，自主设计作业（表2-1）。

表2-1 学科年级自主作业设计

学科特点			
课标（《北京市中小学——学科改进意见》）要求			
学情分析			
作业形式			
单元（课题）	主要教学内容	拿来主义作业	自主设计作业

二、初步编制作业有效性标准

根据实际情况制定作业有效性评价标准（表2-2）。

表2-2　学科年级作业有效性评价

教学内容	作业内容	作业实施	作业评价（学生）	作业评价（教师）	改进方案

以2015年12月的九中集团经典阅读观摩课"试论麦圭尔康复的N种理由"——《欧·亨利短篇小说选》为例。本节课的教学内容并非教材的原版呈现，而是教师根据教材内容进行的专题学习。因此，"拿来主义"的作业是没有的。为了更好地完成学习任务，教师不仅在课前为学生布置了阅读手册的学习任务，教师还针对学习内容布置了学生阅读学习单。其中一项作业为"请你为《欧·亨利短篇小说选》写一篇微书评"。为了保证作业的有效性，教师提前介绍了什么是微书评以及该如何写微书评，并出示了一些案例，以便让学生有样可依，然后要求学生完成。不仅如此，在课堂学习结束之后，教师还要求学生根据所学内容，对自己的微书评进行再次修改。对于这样的作业布置，教师对学生进行了访谈，其中一位学生是这样回答的：

之前我从未写过微书评，这对我来说很新奇，也让我跃跃欲试。实际上于我而言想高质量完成这样一个作业其实有点难，但是这样的作业有意思，因此我愿意去做。前后的修改也让我认识到了自身的不足，我还能将我在课堂所学的内容与我的学习实际相结合，这让我不禁有种成就感。有了让我发表自己读书体会的机会，我很珍惜……

听到这位学生赞同的话语，我们的老师又根据这位学生修改前后的两篇微书评作出了这样的反思：

第一篇是学生在自主阅读之后写的一篇较为感性的文段，第二篇是学生在进行有效的阅读指导后修改的文字。细细分析这两篇书评我发现，随着年龄的逐年增长，视野的不断开阔，学生们的阅读和思考呈现出了一种很有意思的局面。一方面，学生对于某种现象或者社会问题的看法趋于复杂和独特，他们开始质疑和思考，脱离了之前稍显片面和单一的认识；另一方面由于学业的压力,他们阅读的时间越来越少,整本书的阅读往往更难完成,阅读呈现碎片化和随意化的特点。如何让他们选取合适的角度有效系统地建立起对于文本的认识,更能逻辑清晰地阐述自己的看法甚至是论点,进而能够驾驭更为复杂的材料是一个亟待解决的问题。

为此,教师提出了专题学习的改进意见,即要加强阅读过程参与、有效指导,并给学生足够的时间参与任务设计,通过与学生访谈的形式了解作业的有效性,做到"教学—作业—评价"的一致性,具体见表2-3。

表2-3 "试论麦圭尔康复的N种理由"——《欧·亨利短篇小说选》课前作业设计

教学内容	试论麦圭尔康复的N种理由
作业内容	请你为《欧·亨利短篇小说选》写一篇微书评
作业实施	1. 介绍什么是微书评 2. 出示范例 3. 学生完成
作业评价(学生)	1. 从未写过微书评,很新奇,跃跃欲试 2. 高质量完成这样一个作业其实有点难,但是这样的作业有意思,愿意去做
作业评价(教师)	1. 开始质疑与思考 2. 随意化、碎片化 3. 选取合适角度有效系统地建立文本整体认识
改进方案	1. 加强阅读过程参与 2. 有效指导 3. 给学生足够的时间参与任务设计

第三节　明确作业的功能与特点

有效的作业要求教师必须清楚"该作业在整个学习过程中的作用"，学生须了解"该作业的目的与学习意义"。因此，作业不仅仅是训练意义上的作业，更要考虑到作业的功能与特点，如引导预习的作业、促进理解的作业、提高熟练性的作业、意在诊断的作业、形成讨论的作业（合作任务）、重在体验的作业、促进知识体系形成的整理作业，等等。那么对于日常作业、小假期作业、假期作业及特殊假期（雾霾假期）等，因为学习要求不同，作业的内容、容量、形式也不相同。

一、凸显个性的作业

以小学阶段为例，老师们根据不同学段特点设计适合学生知识发展水平的亲子互动型、突显个性型的作业。以金顶街第二小学为例，低年级段的数学老师就根据低年级学生想象力丰富，喜欢听故事、爱讲故事的特点原创了一系列的作业类型：摆一摆、画一画、说一说。如"用自己喜欢的方式表示1+4、4-2的意义""寻找月饼中关于1—5的知识""用漫画形式记录一天中几个重要时刻"等，不仅让学生学习了知识，有效落实了学习目标，更激发了学生的兴趣，达成了作业的功能，提高了作业的有效性。

高中部王品老师也别开生面，布置了一份别样的寒假作业。王老师的作业是这样的：

★我关注——中华优秀传统文化

（1）拿起相机，拍下春节传统习俗中的一个场景，洗出一张或两张照片，粘贴在A4纸上，并在旁边写上这一习俗的文化内涵。【纸上其他的空白处，大力提倡有创意的设计。】

（2）自己尝试着写一副对联（带横批），五言、七言或九言皆可。【提示：有软笔书法才能的同学也可以将自己创作的这副对联写下来，开学后可以展览。】

二、激发学生学习兴趣的作业

王品老师考虑到，单纯地布置写作文的作业或许并不能调动起所有学生的积极性，与其让学生为了写作而写作，不如换一种方式，只要能唤起学生对写作的兴趣，只要学生写出真正发自内心的文字表达，哪怕只有一小段而不是完整的作文篇章，也是一种有效的训练。于是她又为学生设计了另一项寒假作业。

★我发现——生活中的"美"

（1）用三个片段记录寒假中你所见到的"美"，300字左右，灵活运用描写手法和修辞手法，写在稿纸上，钉在一起。【"美"指的是美的人、美的景、美的情、美的场景……】

（2）用镜头记录下生活中的"美"，将拍下的这些图片做成精美的PPT，并配上一句或两句诗意的文字，还可以配上音乐，开学后我们一起来欣赏吧！【提示：一组镜头的主题要尽量集中。】

之后，王老师对作业的内容进行了反馈。她是这样说的：

《我发现——生活中的"美"》的第一份作业，学生们完成得都很认真，只不过对多种描写手法的综合运用能力略显不足，还有待通过进一步的写作训练来加强。

《我发现——生活中的"美"》的第二份作业，学生们完成得最好。我利用两节课的时间，给学生们逐个上讲台交流展示的机会，学生们都很珍惜这个机会，一一上台展示，聆听别人发言时也都是全神贯注，遇到大家都认为好的PPT及发言者，大家都不由自主地鼓掌，课堂效果比我预期得还要好。

通过这个案例我们不难看出，有效作业的设计来源于教师对学习内容的敏感，来源于对学生意识的培养，来源于对语文教学与作业设计的研究。这项作业不仅让王老师发现了学生的优点，也让王老师发现了学生的不足，这为王老师后面的作业设计提供了方向。可以预见，她的下一份作业将会更加完美而有效。

再以高中部化学学科为例：2016年12月17—21日雾霾期间停课不停学作业。

表2-4 2016年12月雾霾期间停课不停学高中化学作业

日期	环节	内容	用时
12月17日	复习整理	第一章 从实验学化学	30分钟
	检测练习	《学探诊》第一章 从实验学化学检测题（A卷）	30分钟
12月18日	复习整理	第二章 化学物质及其变化	30分钟
	检测练习	《学探诊》第二章 化学物质及其变化检测题（A卷）	30分钟
12月19日	复习整理	第三章 金属及其化合物	30分钟
	检测练习	《学探诊》第三章 金属及其化合物检测题（A卷）	30分钟
12月20日	复习整理	第四章 非金属及其化合物的第一、二节	30分钟
	检测练习	无机非金属材料的主角——硅（一、二）	30分钟
12月21日	检测练习	富集在海水中的元素——氯（一）	30分钟
	检测练习	富集在海水中的元素——氯（二）	30分钟
备注	\multicolumn{3}{l}{1.复习反思部分，需要同学们作出整理笔记，笔记内容包括：知识点的整理、化学方程式的整理等。 2.复习反思部分的整理形式不限，可以是思维导图、表格等多种形式，知识点的覆盖要求全。 3.纸张大小不限。（例：B4）}

三、复习巩固型作业

因特殊原因，学校不得已需要学生居家学习，为此，老师布置了"复习整理"与"检测练习"两项作业，涉及知识的理解、体系的整理与诊断，避免了作业单一的巩固与检测功能。同时规定了作业的时间，保证学生的作业质量。

表2-5 2016—2017学年第一学期寒假语文每日作业清单

日期	每日作业内容		
1月22日	名著阅读《红楼梦》51-52回	《文言百练》16	微课学习谈哲学第12节
1月23日	名著阅读《红楼梦》53-54回	《文言百练》17	微课学习谈哲学第13节
1月24日	名著阅读《红楼梦》55-56回	《文言百练》18	微课学习谈哲学第14节

续表

日期	每日作业内容		
1月25日	名著阅读《红楼梦》57-58回	《文言百练》19	微课学习孔子的思考01
2月2日	名著阅读《红楼梦》59-60回	《文言百练》20	微课学习孔子的思考02
2月3日	名著阅读《红楼梦》61-62回	《文言百练》21	微课学习孔子的思考03
2月4日	名著阅读《红楼梦》63-64回	《文言百练》22	微课学习孔子的思考04
2月5日	名著阅读《红楼梦》65-66回	《文言百练》23	微课学习古典诗歌欣赏与人文素养提升01
2月6日	名著阅读《红楼梦》67-68回	《文言百练》24	微课学习古典诗歌欣赏与人文素养提升02
2月7日	名著阅读《红楼梦》69-70回	《文言百练》25	微课学习古典诗歌欣赏与人文素养提升03
2月8日	名著阅读《红楼梦》71-72回	《文言百练》26	微课学习古典诗歌欣赏与人文素养提升04
2月9日	名著阅读《红楼梦》73-74回	《文言百练》27	微课学习古典诗歌欣赏与人文素养提升05
2月10日	名著阅读《红楼梦》75-76回	《文言百练》28	微课学习古典诗歌欣赏与人文素养提升06
2月12日	名著阅读《红楼梦》77-78回	《文言百练》29	微课学习古典诗歌欣赏与人文素养提升07
2月13日	名著阅读《红楼梦》79-80回	《文言百练》30	微课学习古典诗歌欣赏与人文素养提升08
2月14日	《文言百练》31	《文言百练》32	微课学习《史记》的悲剧意识与文学价值07
2月15日	《文言百练》33	《文言百练》34	微课学习《史记》的悲剧意识与文学价值08
2月16日	《文言百练》35	《文言百练》36	微课学习《史记》的悲剧意识与文学价值12

作业内容及具体要求：

1.名著阅读

要求：按照阅读手册的项目要求，每天完成当天阅读任务。

摘抄经典语段或警句；概括主要内容；评议人物、手法、语言等，也可以基于文本和生活经验表达自己的思考、领悟。

2.文言百练

要求：（1）完成后自行用红笔进行订正。（2）借助《文言百练》中的"三、说文"部分，任选四篇，自定角度，完成观点明确、有理有据的说理文字。每篇不少于200字。完成在积累本上。

3.微课学习

要求：每课学习要做笔记，记录学习要点。完成在积累本上。

北京数字学校经典阅读主题课（高中）

高中阅读——章启群：与中学生谈哲学

高中阅读——程郁缀：古典诗歌欣赏与人文素质提升

高中阅读——过常宝：《史记》的悲剧意识与文学价值

高中阅读——李山讲《论语》：孔子的思考

从作业清单及相关要求中，我们看到了语文作业的层级性：文言基础知识与能力的学习与训练——学科知识类作业；名著阅读的解读与赏析——感悟体验类作业；数字学校微课学习——拓展类作业。

不同层级的作业无疑使作业的形式发生了变化，在避免了作业单一枯燥的同时，又能调动学生的学习热情与积极性，训练了学生与语文学科素养密切相关的拓展思维能力和审美能力。

四、诊断型作业

关注"有批改无分析"现象，将作业作为形成性测试，发挥作业的诊断与补偿功能。高中部曾对各年级的作业时间、作业数量、作业批改等内容进行过调查，统计表明，大部分学科的作业都能做到及时反馈，只有部分学科的作业缺少分析这一环节。分析环节的缺失有时会打击学生写作业的积极性，因为很多问题不是对与错就可以将其简单处之。为此，教师要将作业作为形成性测试活动，制定细致全面的评估标准并与学生分享；教师要通过集体批阅与讨论来确保批改标准的准确性，并给学生提供详细明确的评语。重视作业批改中的分析环节其实就是关注学生思维状态、以生为本的表现，有利于提高作业的有效性。

我校的数学组就曾经在试卷讲评环节关注到这一点，并在教研组活动中进行了尝试，即面对学生的错误，学会基于错例分析学生的思维过程。

具体活动环节如下：

环节一：两位老师分别讲述自己在分析学生错误的基础上改进教学的案例。

环节二：其他老师即兴讲述自己的类似案例。

环节三：提供学生错误案例，让大家独立现场分析。

环节四：交流讨论（记录员将关键词或要点记在白板上）。

环节五：根据白板记录进行小结，现场生成如何分析学生错误思路的方法。

这样就将静态的作业演变为布置、修改、评价的动态过程，不仅提高了作业的有效性，也让教师的研修更有效果、更有效率。

第三章　循序渐进探索有效作业设计路径

作业是融汇到学习的全过程中的。预习作业是思考的铺垫，梳理联系，及时反馈；随堂作业是引导学习进程，促进理解，辅助记录；平时的课后作业是巩固理解，及时整理，帮助记忆，提高熟练性，诊断缺陷。不仅如此，我们还需有单元任务，以整理结构化，并进行针对性补偿。当然，周末的作业与假期作业的设计更要彰显教师对作业的驾驭程度。在现有研究的基础上，我们不断探索，形成了有效作业设计"三步走"方案。

第一步，结合课程标准，透视作业意图，并反思"拿来主义"作业，判断该作业是否符合作业的功能，变"拿来主义"作业为自主设计作业，进行日常作业的改进。第二步，选择修改不满意的问题，在鉴赏与改编作业中学会编制作业，进行作业设计创新。第三步，梳理有效作业的特点，思考如何设计、整合作业。在这样的方案指导下，集团探索出了基本的有效作业设计途径。

第一节　由单一性作业向综合性作业转变

现行教材淡化了知识体系，强化了能力、方法、情感等因素的和谐发展，加强了学科间的整合，课后的练习题更贴近学生的生活，凸显人文色彩。但因教材编写的容量有限，不能满足各个层次学生的作业需求。对此教师应不拘泥于教材，自主地、创造性地布置作业，实现由单一性作业向综合性作业的转变。

一、小学各学科综合性作业

小学阶段采取的是学科大作业，一周布置一次，与学科进度相结合，体现实践性、探究性。减轻学生过重的课业负担，提升学生可持续综合解决问题的能力。

★语文学科大作业设计

低年级语文大作业：从多个方面认识秋天，知道秋天是个迷人的季节。在观察大自然以及搜集资料之后，能通过朗读、绘画、贴画、叶画等形式表现秋天的美丽。据此，教师设计了这样的作业内容：认识与秋天有关的词语；阅读描写秋天的句子；制作一幅以"秋天"为主题的儿童画、叶画或布贴画，配上一句自己想说的话；用手机或相机记录自己眼中的秋天。

本次综合性学习每班分成四个组分别进行，这四个组分别为秋色组、秋实组、秋语组、秋叶组。给学生讲清楚各组的学习任务，让他们根据自己的兴趣以及能力选择不同的小组，利用星期天的时间完成前期准备。以本次活动为契机，让学生识字、读句、写句，向表现良好的学生学习，大胆地走出去，用自己的眼睛去观察，写自己的文字，搞自己的创作，表达自己的真情实感。

高年级语文大作业：六年级以"轻叩诗歌的大门"为主题实践单元。教师让学生通过调查访问、查找资料、记录整理等活动，学会搜集诗歌、整理诗歌、分类诗歌、欣赏诗歌，能对诗歌进行简要赏析。提高学生搜集整理信息的能力以及口语表达能力。让学生感受古诗和新诗的区别，认识更多的诗人，感受我国诗歌文化的独特魅力，提高对语言的感受能力和对美的欣赏能力，提高文学素养。通过朗诵表演、展示诗集和原创诗作等活动，培养孩子自信心、创造力以及书面表达能力。

第一阶段：学生按共同研究的内容自愿组合成学习小组，讨论确定研究专题和研究的具体目标。小组内明确分工，组织协调。完成小组活动计划的制定。

第二阶段：能诵读教材上的《诗经》节选、唐诗、宋词、元曲以及现代诗和儿童诗，大体把握诗意，想象诗歌描绘的情境，体会诗人的情感。了解古诗词与现代诗歌的不同点，了解中国诗歌的起源、古诗词的特点及诗歌的表达方式等诗歌常识。通过搜集和阅读诗歌，增强学生们对诗歌的兴趣，感受诗歌的特点。能搜集并按一定标准给诗歌分类。

第三阶段：组织学生学写诗歌，进行交流。

组织学生学写诗歌并感受诗歌给自己带来的乐趣。通过欣赏和诵读不同的诗歌活动，激发学生对诗歌的热爱之情。通过原创诗歌、诗歌手抄报和诗歌朗诵会等形式，提高学生的语文综合能力。

★数学学科大作业设计

三年级数学学科大作业：我的时间我做主。

二年级时我们已经认识了时间单位"时"和"分"，现在我们又认识了一个新的时间单位"秒"，体验了1秒、15秒、30秒、60秒我们都可以做些什么，通过体验我们更深刻地感受到时间对于我们每个人来说都是非常宝贵的。俗话说："一寸光阴一寸金，寸金难买寸光阴。"让我们珍惜时间，做时间的小主人吧！

从下面内容中任选一项并认真完成，老师相信你们一定可以做得非常棒！

搜集珍惜时间的名言警句及名人故事并记录下来，再写一两句你的读后感想，制成数学小报。

写一写你自己珍惜时间的小故事。

合理安排时间，给自己设计一个合理的作息时间表，再写一写你以后准备怎样做。

制作周末一日生活时间表，再写出1—2句话表达自己记录后的感想。

★英语学科大作业设计

每讲完一个单元，让学生发挥想象，以小组合作的形式根据单元整体内容设计制作小报、连环画等。同学们充分发挥了积极性，作品图文并茂，令人惊喜。

"教者有心，学者得益。"教师布置的英语作业要尽量符合小学生的心理特点，使其充满趣味性，从而引发学生兴趣，产生内在动力，学生在积极地完成作业的同时，充分展现自己的学习成果和自我个性，使他们乐在其中，乐中求知。

设计概念图对季节进行描述：学生自己设计概念图，梳理四季的知识。借助概念图"脚手架"来对季节进行描述。由于学生头脑中已经构建了系统的知识构架体系，所以学生只要将信息有效地整合，就形成了一段完整的语篇。学生描述内容：There are four seasons in a year. They are spring, summer, autumn and winter. I like summer. It's in June, July and August. It's hot and rainy. I can put on my beautiful dress. I go swimming.

设计概念图进行自我介绍：包含名字（中、英文）、年龄、国籍、身份、班级等信息，有丰富的框架做支撑，学生很容易用一段有条理的短文进行自我介绍。

二、高中各学科综合性作业探索

高中部曾对各年级的作业时间、作业数量、作业批改等进行过调查，统计表明，大部分学科的作业都能做到及时反馈，但是有些学科的作业却缺少分析评价这一环节或者评价简单，这样很明显不能满足有效作业的需求。因为现行教材淡化了知识体系，强化了能力、方法、情感等因素的和谐发展，加强了学科间的整合，课后的练习题更贴近学生的生活，凸显人文色彩。单一或简单的对错评价，已不能满足各个层次学生的作业评价需求。对此教师应不拘泥于教材，依据学习需要，补充相应的知识与学习内容，布置学习任务群，设计有整合功能的综合性作业，并将作业作为形成性测试活动，制定细致全面的评估标准并与学生分享，让学生思维相互碰撞交流，相互补充完善，提升学生的学科能力与素养。

"发达的古代农业"探究作业本

段长波

一、学习目标

（一）三维目标

【知识与能力】

1.掌握我国古代农业的主要生产工具和生产技术，理解生产力水平的提高是我国古代农业发展的前提，探讨它与我国古代农业精耕细作之间的关系。

2.理解中国农业独立发展，自成体系，奠定古代农业社会的基础；认识从刀耕火种到铁犁牛耕，反映了中国古代农业从原始向精耕细作发展的历程。

3.运用辩证唯物主义和历史唯物主义的基本观点，分析中国传统农业发展的原因和特点。

【过程与方法】

1.通过历史图片和历史资料提出问题、设置悬念，巧妙地引导学生主动认识历史和探究历史。深入浅出，循循诱导，层层剖析。

2.利用历史短剧表演和小组讨论等形式，让学生在历史情景中感受历史，让学生在合作交流中探究历史。

3.鼓励学生大胆地回答问题，提示学生用一定方法分析问题和解决问题，为学生展示自我提供机会和平台。

【情感、态度价值观目标】

1.通过本节课教学，让学生认识到：我国古代人民利用勤劳双手和无穷智慧为中国古代文明创造了巨大财富，是历史的创造者，但是在阶级社会里，广大人民的生活却相当困难。

2.中国古代农业发达，在诸多方面领先世界。

（二）学习重点和学习难点

1.学习重点：农业生产发展的表现。

2.学习难点：小农经济的评价。

二、课前预习探究

（一）知识清单

考点1　文艺复兴

1.兴起条件

（1）经济基础（前提）：十四五世纪，意大利出现了_____。

①时间地点：十四五世纪，意大利的_____和_____等著名的工商业城市中。

②原因：这些城市独立自主，为了在激烈的竞争中取得优势，纷纷采取_____的政策，促进了经济和社会的发展。

（2）阶级基础：手工工场主、商人和金融家形成了新兴的_____；他们希望创造财富，重视通过改进生产技术、提高经营手段来创造财富。

2.性质

打着复兴古代希腊罗马文化的旗号，宣传新的_____的思想解放运动。

3.指导思想：人文主义

（1）以人为中心而不是以神为中心，要求肯定_____。

（2）提倡追求自由、幸福和物质享受，鼓励_____和冒险精神，崇尚_____和_____，追求知识。

4.代表

5.意义

（1）在文学、艺术、_____等许多方面，硕果累累。

（2）越来越多的人从_____中解放出来，开始更多地关注人及人生活的世界。

考点2　宗教改革

（二）知识网络

第1课　发达的古代农业

1.从刀耕火种到铁犁牛耕

2.从集体劳作到个体农耕

（1）小农经济的形成条件

①铁农具、牛耕使用推广

②封建土地私有制的确立

（2）小农经济的主要特点

①生产上：男耕女织

②消费上：自给自足

③构成上：家庭单位

④规模上：狭小封闭

3.评价

（1）积极：生产积极，重要贡献

（2）消极：十分脆弱，天灾人祸

三、课上自主——合作探究

（一）从刀耕火种到铁犁牛耕

1.你知道五谷丰登、六畜兴旺中的五谷和六畜分别是什么吗？

2.中国是世界上最早种植哪两种农作物的国家？

3.先秦时期中国的作物种植形成了怎样的格局？

4.先秦时期中国古代农业在生产工具、耕作方式、耕作技术上有哪些表现？

5.铁农具和牛耕的使用、推广有何意义？（生产力、耕作方式）

6.经济重心为什么会南移？南移对中国的农业格局有什么影响？

（二）宗教改革

1.《天仙配》中"夫妻双双把家还"选段体现了中国古代的哪种经济形式？

2.这种经济形式出现的原因是什么？

3.小农经济是不是自然经济？

4.我们该如何认识小农经济？

四、概念解析

1.人文主义

人文主义是资产阶级的世界观，是文艺复兴的指导思想，支配了文艺复兴时期的文学、艺术、哲学和科学的发展。人文主义思想的核心就是肯定人的价值和尊严，要求以"人"为中心而非以"神"为中心，以此出发，人文主义重视现世生活，因而追求自由、幸福和物质享受，反对基督教的来世观念和禁欲主义。主张发挥人们的创造力，文艺复兴时期的一位作家亚而伯蒂说："人是能够随心所欲地改造自己的。"人文主义重视科学实验，鼓励冒险和发财致富，认为事业的成功及发财致富是一种道德的行为。总之，人文主义就是一种为创造现世的幸福而奋斗的乐观进取的精神。

2.因信称义

基督教用语。有广狭两义。广义指信仰是得到救赎和在上帝面前得称为义的必要条件。狭义指基督教新教尤其是路德派关于如何得救的教义。"称义"一词原是法庭用语，指法官宣判一方得胜。在希伯来的法庭只有原告与被告双方，没有检察官。法官听完控辩双方陈词，认为证据对哪方有利，便判哪一方胜诉，因而亦是使胜诉一方"称义"了，意即"成为正义的"。

五、学习自评

（一）知识掌握

1.文艺复兴把天主教作为斗争的对象，主要是因为　　（　　）

A.教会是欧洲封建势力的主要代表

B.教会势力发展严重损害世俗政权的利益

C.罗马教会势力扩张损害各国民族利益

D.当时多数西方国家实行政教合一政策

2.宗教改革对西欧资本主义发展的最大意义是　　（　　）

A.没收了教会的土地和财产

B.摧毁了天主教的精神独裁

C.形成了不受罗马教皇控制的新教派

D.削弱了教会对人们思想和社会政治经济的控制

3.对人文主义精神的表述,最准确的一项是 (　　)

A.强调人性至上,反对宗教信仰

B.肯定人的价值,强调发展个性

C.提倡个人奋斗,鼓励发展私有

D.要求自由平等,反对神学世界观

(二)能力提高

1."我不想变成上帝,或居住在永恒中,或者把天地抱在怀里,属于人的那种光荣就够了。我自己是凡人,我只要求凡人的幸福"这句话体现的思想是 (　　)

A.禁欲主义　　B.蒙昧主义　　C.人文主义　　D.理性主义

2."在中世纪,人类意识的两方面——内心自省和外界观察都一样:一直处在一层共同的纱幕之下,处于睡眠或半醒状态。……在意大利,这层纱幕最先烟消云散"。"最先烟消云散"的根本原因是 (　　)

A.意大利最早出现了资本主义萌芽

B.文艺复兴运动发源于意大利

C.意大利的文化遗产和人才结构

D.新兴资产阶级要求改变传统观念

3.下列关于文艺复兴的意义,说法正确的是:①文艺复兴冲破了基督教神学桎梏;②为资本主义制度的胜利和发展开辟了道路;③文艺复兴时期众多的精湛艺术成为人类艺术史上的绚烂篇章;④人文主义提倡科学实验,注重实践,催生了近代自然科学 (　　)

A.①②③　　B.②③④　　C.①③④　　D.①②③④

4.宗教改革是发生在16世纪的一场爆发于德意志并迅速席卷西欧社会的思想政治运动,其实质是 (　　)

A.早期资产阶级的反封建斗争　　B.新兴的资产阶级文化

C.反天主教的斗争　　　　　　　D.反对奴隶主的斗争

(三)拓展延伸

1.(2009北京文综,20)文艺复兴和启蒙运动为近代欧洲的发展奠定了思想基础,对二者的共同点表述正确的是 (　　)

A.反对宗教神权，强调三权分立　B.反对封建制度，倡导人民主权
C.反对蒙昧迷信，推崇人的理性　D.反对君主专制，主张君主立宪

2.（2008广东文基，30）下列有关16世纪宗教改革的说法，正确的是
（　　）

A.宗教改革运动与文化复兴运动没有关联
B.宗教改革运动受到所有世俗贵族的镇压
C.宗教改革家与启蒙思想家都抨击宗教愚昧
D.宗教改革家认为教徒自己可以通过信仰得救

3.（2008上海综合，9）宗教改革前，关于教皇和皇帝的权力，有这样一种形象的比喻：教皇是太阳，皇帝是月亮；宗教改革后，人们换了一种说法：上帝的归上帝，恺撒（泛指皇帝）的归恺撒。这种认识的改变反映了
（　　）

A.教皇和皇帝的权力一直是平等的
B.教皇的权力在上升，皇帝的权力在下降
C.教皇的权力始终大于皇帝的权力
D.皇帝的权力在上升，教皇的权力在下降

六、学法指导：比较法在历史学习中的应用

★文艺复兴和宗教改革的比较

1.相同（相似）
①背景：资本主义在西欧的兴起
②性质：成长中的资产阶级在精神领域的反封建斗争，尤其是反天主教会
③范围：兴起后迅速扩展至整个西欧
④作用：思想解放、文化繁荣

2.不同

七、课后应用探究

教材P7学习延伸：请你谈谈开发这些"边际土地"的利弊得失，它对当时和当今的社会经济生活产生了怎样的影响？我们今天应该吸取什么样的经验教训？

答案提示：开发边际土地是由于人口增加太快，在农业科技发展水平低

的情况下，为了养活这么多人口，只能采取垦荒的方式。垦荒导致了水土流失、环境恶化。我们今天一是要控制人口的增长，二是要提高农业发展的科技水平。

八、学习资料

1.垄作法

垄作法，又称畎亩法。中国大约在西周至春秋战国时期，曾推行畎亩法，它是井田制的重要组成部分。《诗经·小雅·信南山》中的："我疆我理，南东其亩"；《诗经·大雅》中的"乃疆乃理，乃宣乃亩"等诗句，可视作把农田划分成井田，在井田中理出畎亩的写照。春秋战国时期，井田制逐渐崩溃，畎亩法作为当时的基本耕作技术迅速发展。由于这一时期农田土壤的突出特征是存在"畎亩"，所以当时人们把畎亩作为农业的代名词。《国语·周语》韦昭注"畎亩"时说："下曰畎、高曰亩，亩，垄也。"《庄子·让王》司马彪疏"畎亩"时也说："垄上曰亩，垄中曰畎。"经过西周至春秋战国长期的垄作实践，大约在战国后期，人们对垄作的经验进行了初步总结，从而为中国农作物的理论与技术奠定初步基础。《吕氏春秋》"任地"和"辩土"上所总结垄作理论与技术大概有以下四点：（1）提出了"上田弃亩"和"下田弃畎"的原则，这就是说，高田旱地要放弃垄台不种而种垄沟；低田湿地要放弃垄沟不种而种垄台。垄作的目的在于创造高低不平的微地形差异，以便在不同地势和水分的条件下，分别采取高田低作或低田高作的办法。（2）提出了"亩欲广以平，畎欲小以深"的垄形要求。认为只有垄台宽而平，垄沟窄而深这种垄形规格，才能"下得阴、上得阳"充分有效地利用地力和光能，达到高产丰收的目的。同时指出"大畎小亩"和"高而危"的垄形都是不合规格的。（3）提出了"稼欲生于尘，而殖于坚者"的要求，为人们创造合理的耕层构造指明了方向。这一时期的垄作法由于受着人力耦耕和耒耜这种耕具的限制，还是比较粗放的，主要是垄距较小，作为较差，"掩地表亩"，质量较差。

2.课文插图说明——《曲辕犁》

曲辕犁，也称江东犁，它最早出现于唐代后期的江东地区，它的出现是我国耕作农具成熟的标志。犁普遍使用前，耒耜是主要耕作工具。使用畜力牵引的耕犁从春秋战国时期才开始逐渐在一些地方普及使用。汉代耕犁已基本定形，但汉代的犁是长直辕犁，耕地时回头转弯不够灵活，起土费力，效率不高；江南农民在长期生产实践中创造出一种轻便的短曲辕犁，又称江东犁。在敦煌莫高窟第四百四十五窟的壁画中有曲辕犁耕作图。据唐朝末年著名文学家陆龟蒙《耒耜经》记载，曲辕犁由十一个部件组成。即犁铧、犁壁、犁底、压镵、策额、犁箭、犁辕、犁梢、犁评、犁建和犁盘。曲辕犁和以前的耕犁相比，有几处重大改进。首先是将直辕、长辕改为曲辕、短辕，并在辕头安装可以自由转动的犁盘，这样不仅使犁架变小变轻，而且便于调头和转弯，操作灵活，节省人力和畜力。其次是增加了犁评和犁建，如推进犁评，可使犁箭向下，犁铧入土则深。若提起犁评，使犁箭向上，犁铧入土则浅。将曲辕犁的犁评、犁箭和犁建三者有机地结合使用，便可适应深耕或浅耕的不同要求，并能使调节耕地深浅规范化，便于精耕细作。犁壁不仅能碎土，而且可将翻耕的土推到一侧，减少耕犁前进的阻力。曲辕犁结构完备，轻便省力，是当时先进的耕犁。历经宋、元、明、清各代，耕犁的结构没有明显的变化。

九、课外推荐

1.《中国古代经济史稿》 李剑农 著 武汉大学出版社
2.《中国农业史》
3.人民教育出版社网站（人教网）高中历史
4.中学历史教学园地
5.中学学科网（历史）

十、学术前沿

★对宗教改革的评价

"文艺复兴"的影响基本上是在知识分子当中，而到了"宗教改革"，影响更进一步。究其原因，……因为在西方……所有人都信教，……"宗教改革"接着"文艺复兴"下来，享受到了"文艺复兴"所开拓出来的人文主义的影响，而把人文主义普及到了社会。因此"宗教改革"的影响是社会性的。换句话说，它把欧洲人民的觉悟，提高了一步，因为这件事情是人人都要参与的。……

——陈乐民《欧洲文明十五讲》

"（19世纪以来世界）文学的繁荣"探究作业本

付建河

一、课题："（19世纪以来世界）文学的繁荣"

二、学习目标

（一）基础学习目标

1.了解19世纪以来文学的主要成就、流派风格。

2.认识不同文学流派产生的时代背景及影响。

（二）可持续发展学习目标

1.将文学的历史分析与文学鉴赏相结合，提升学生人文素养。

2.联系现实中国文学成就，认识文学的民族性与世界性关系，激发弘扬民族文化的热情和信心。

三、课前预习探究

1.有针对性地阅读相关文学作品，细心体味不同流派文学风格。

2.联系必修一、二所学知识，分析不同文学流派产生的历史背景及影响。

3.了解莫言荣获诺贝尔文学奖的相关情况。

要求：

1.为了拓展阅读视野，预习可以多人合作完成，每组大致分工，阅读欣赏不同流派作品。

2.对阅读欣赏的作品，短篇要做到熟练流畅，有感情地朗诵，长篇能简要叙述故事脉络和文学主题。

3.对文学成就的基本了解和认识，可以用表格的形式，一目了然地表述。

项目内容	时间	背景	代表作家作品	主要风格	作用影响
浪漫主义文学					
现实主义文学					
现代主义文学					
20世纪其他文学成就					

四、课上自主—合作探究

就以下几个问题，请学习小组各派代表阐述说明，其他同学评价、讨论、修正、补充。

"经济基础决定上层建筑"，请用某一文学流派的背景和风格说明这一理论。

请分析一篇/部文学作品，说明其风格特点。

请结合莫言获奖的情况谈谈你对文学民族性与世界性关系的看法。

1.同学甲——

2.同学乙——

3.同学丙——

五、课后应用探究

1.根据本节课所学习的现实政治经济影响文学创作的理论,分析近代不同阶段音乐、美术的时代背景与其风格的关系。

2.运用本节课所学知识,分析一篇语文教材上的文学作品,体味其文学风格和时代背景的联系。

"古代商业的发展"探究作业本

隽军宁

【课标要求】

概述古代中国商业发展的概貌,了解古代中国商业发展的特点。

【教学内容分析】

中国古代商业是农耕经济的重要组成部分,同时又呈现出与农耕文明不一样的商业文明特质。商业发展为中华文明带来更多的活力,长期处于世界前列。在农耕文明大背景下,古代商业在封建政治经济的桎梏下顽强发展,不断突破,取得了令人瞠目的成就,显示了中国古代商业文明特有的魅力。农业、手工业和资本主义萌芽与商业的发展有着不可分割的联系,从这个角度来看这一课是本单元不可缺少的一个部分。

本课内容共分为三目,第一目"重农抑商下的古代商业"概述了中国古代商业阶段特征;第二目"城市的变迁和城市的发展"介绍了古代城市商业的发展变化;第三目"官府控制下的对外贸易"概述了不同朝代对外贸易的发展变化。这些内容一方面介绍了我国古代商业在不同方面和不同阶段的发展概貌,说明商业的繁荣是我国古代经济的发展的重要标志之一;另一方面也对我们今天建立社会主义市场经济体制提供正反两方面的借鉴。

【教学目标】

1.知识与能力

①学生能够按"阶段特征""商业场所""商人群体""对外贸易""突出成就"几条线索梳理出古代中国商业发展的概貌。

②结合文献资料，学生能够分析、理解古代中国商业发展的特点。

2.过程与方法

①通过学生课前梳理古代中国商业发展的概貌，培养学生自主学习的能力，在学习中学会与他人合作。

②通过探究中国古代商业发展的特点，培养学生史论结合、论从史出的基本能力。

③通过对文献、诗歌、多种类型的图片等资料的研读分析，培养学生提取历史信息和分析比较问题的能力。

3.情感、态度与价值观

①从学习古代商业繁荣发展的概貌和特点中，理解古代高度繁荣的商业文明是中华文明的一部分，感悟古代商业发展中呈现出来的商业文明的魅力。

②从人文素养的角度出发，在课后延伸思考中让学生感受古代商人的优秀品质，形成正确的义利观，传承优秀的商业精神。

【教学重点、难点】

1.教学重点：掌握古代中国商业发展的概貌和特点。

2.教学难点：分析归纳古代中国商业发展的特点。

【探究基础知识】课前预习表格，了解中国古代商业发展概貌

	阶段特征	商业场所	商人群体	对外贸易	突出成就
商周					
春秋战国					
秦汉					
隋唐					
两宋					
元朝					
明清					

【探究基础练习】

1.司马迁说:"天下熙熙,皆为利来;天下攘攘,皆为利往。"这反映了当时 (　　)

　A.礼尚往来的社会风尚　　B.古代人们追求名利

　C.私商活动活跃　　　　　D.工商食官现象严重

2.隋唐时期商业发展繁荣的原因有 (　　)

①国家统一,政治清明

②农业、手工业的发展

③大运河的开通

④民族之间、中外之间经济文化的交流

⑤"重农抑商"转变为"重商抑农"

　A.①②③④　　　　　　　B.①②③④⑤

　C.②③④⑤　　　　　　　D.①②③⑤

3.宋代济南刘家功夫针铺印记中,其上部文字为:"济南刘家功夫针铺";中部文字为"认门前白兔儿为记";下部文字为"收买上等钢条,造功夫细针,不误宅院使用,转卖兴贩,别有加饶,请记白"。从该"印记"中能够获取的准确历史信息是 (　　)

　A.宋代已开始生产钢针

　B.宋代出现中国最早的商标、广告

　C.宋代已有集原料收购、生产加工和批发贩卖为一体的经营方式

　D.宋代出现了资本主义生产关系萌芽

4."天涯同此路,人语各殊分。草市迎江货,津桥税海商。"其中"草市"是指 (　　)

　A.唐代城市中的贸易场所　　B.宋代的农村集市

　C.唐代的农村集市　　　　　D.汉代城市中的贸易场所

5.宋徽宗时期,宋政府下令征收"侵街房廊钱",表明宋政府对城市街道两旁的居民不断地扩大商业用地、导致城市街道越来越狭窄的现实。这说明 (　　)

①宋政府巧立名目,征收苛捐杂税

②宋代的城市规划已经出现失控的苗头

③唐代以前的"市坊"制度已经被彻底打破
④"侵街"现象在城市发展中大量存在
A.①②③　　B.①②④　　C.②③④　　D.①②③④

6.明清时期涌现出许多地域性的商人群体，其中最著名的有（　　）
A.徽商与川商　B.徽商与晋商　C.粤商与晋商　D.徽商与京商

7.丝织重镇盛泽镇，本来是一荒村，"明初居民止五六十家，嘉靖间倍之。以绫绸为业，始称为市"。乾隆时，"居民百倍于昔，绸绫之聚亦且十倍。四方大贾辇（niǎn，载）金至者无虚日，……盖其繁阜喧盛，实为邑中诸镇之第一。"材料所反映的社会现象是（　　）
　　A.盛泽镇丝织业出现资本主义萌芽　B.明清政府重农抑商措施失效
　　C.工商业发展促进城镇的发展　　　D.自然经济受到工商业的冲击

【探究思考】

材料：

《明清十大商帮》

山西商帮——义中取利，信誉第一
徽州商帮——贾而好儒，财自道生
福建商帮——自强不息，爱拼会赢
广东商帮——敢想敢干，敢为人先
山东商帮——重土乐安，诚实守信
宁波商帮——灵活善变，开拓创新
龙游商帮——海纳百川，宽以待人
洞庭商帮——审时度势，稳中求胜
江西商帮——广泛从业，小本经营
陕西商帮——追求厚利，既和且平

请思考：

1.从材料《明清十大商帮》中，你看到了古代商人什么样的品格？

2.隐在这些商人群体背后的是怎样的一种商业文化和商业精神？

3.它对我们今天的商品经济社会又有何助益？

"古代手工业的进步"探究作业本

罗宁城

一、学习目标

（一）三维目标

【知识与能力】

1.考纲：古代手工业的发展。

2.课标：列举古代中国手工业发展的基本史实，认识古代中国手工业发展的特征。

3.通过材料探究，进一步养成论从史出的能力；利用纵向比较的方法总结古代手工业发展的特征。

【过程与方法】

1.通过历史资料和历史图片，进行想象和创造性思维，理解古代中国手工业发展的史实，分析官营手工业发达和民营手工业缓慢的原因。

2.运用图表法概括和总结中国古代手工业发展。

【情感、态度价值观目标】

认识到中国的手工业生产历史悠久、成就辉煌，从而增强民族自豪感和自信心。

（二）学习重点和学习难点

1.学习重点：古代手工业的重要成就；官营手工业产品精美，品种繁多，享誉世界；民营手工业艰难发展，后来居上；家庭手工业是中国古代社会稳定的重要因素。

2.学习难点：中国古代手工业发展的特征。

二、课前预习探究

（一）素称发达的官营手工业

1.历程

（1）夏、商、西周时期以_____为代表的手工业，由官府垄断。

（2）春秋战国时期，官营手工业继续发展。

（3）西_____后，煮盐、冶铁、铸钱等收归官办。

2.特点

（1）_____；（2）_____生产；（3）凭借国家权力征调优秀工匠，_____；（4）_____，_____。

3.主要部门及发展概况

（1）冶铜业：①原始社会晚期已掌握冶铜技术；②商周时代，青铜铸造进入繁荣时期，有司母戊鼎、四羊方尊、三星堆青铜礼器等精美铜器。

（2）冶铁业：①_____时，已有铁器；②两汉：高炉炼铁和炒钢技术；东汉杜诗发明水力鼓风冶铁工具——_____；③南北朝：_____；④16世纪以前一直领先世界。

（3）制瓷业：①_____：已烧制出原始瓷器；②东汉：烧出成熟的_____；③北朝：烧出成熟的_____；④唐朝：形成_____两大制瓷体系；代表瓷器有唐三彩、秘色瓷等。⑤宋朝：制瓷技术大放异彩，瓷窑遍布全国各地，出现_____。⑥明清：种类丰富，有_____、彩瓷、珐琅彩；著名瓷都_____。

（4）丝织业：①中国是世界上最早养蚕缫丝织绸的国家；②_____：已经养蚕，有了丝织品；③商朝：已有织机，能织多种丝织品；④西周：生产斜纹提花织物；⑤西汉：长安的东西织室工人多（代表作：马王堆出土的_____）；⑥唐朝：以轻盈精湛著称，还吸收外来风格；⑦宋朝：品种繁多，织锦吸收花鸟画中的写实风格；⑧明清：丝织品（尤其是细密精致的_____）超过前代；在苏州、杭州设织造局。

（二）艰难经营的民间手工业

1.分类

（1）家庭手工业：以_____为代表，产品主要用来_____和_____。

（2）民营手工业：产品主要供_____。

2.曲折发展的历程

（1）经历春秋战国和秦汉的发展后，魏晋南北朝时遭受摧残。

（2）隋唐时得以恢复和发展。

（3）两宋以后，在曲折中艰难发展，城乡所需的日常用具及用品主要出自民营手工业。

（4）元朝：_____推广先进的棉纺织技术。

（5）_____以后，民营手工业甚至超过官营手工业，占据全社会手工业生产的主导地位。

3.资本主义的萌芽和缓慢发展

（1）原因：_____的发展。

（2）出现：明朝中后期，江南的一些手工业部门。

（3）清朝时期缓慢发展。

（三）中国古代手工业享誉世界

1._____开始，中国丝绸远销亚洲、欧洲，"丝国""丝绸之路"。

2._____起，中国瓷器大量输出国外，远达欧洲、非洲。

（四）中国古代手工业发展的基本特征

1._____。

2._____。

3._____。

4._____。

5._____。

6._____。

三、课上自主——合作探究（重点难点突破）

中国古代手工业素称发达，长期居于世界领先地位，这既反映了我国古代劳动人民的勤劳和智慧，也是中华文明著称于世的重要标志。它不但丰富了我国古代劳动人民的生产和生活，而且也对整个人类文明的进步作出了重要贡献。

请回答：

1.中国古代手工业经营形态主要有哪几种？

2.中国古代领先于世界的手工业部门主要有哪些？举出其代表性成就。

3.简要分析古代手工业的特征。

四、概念解析

1.官营：是指依靠国家权力，官府垄断经营。由于中国古代社会中央集权，政府权力强大，可以为满足政府需求，征调优秀工匠，使用上等材料，生产不计成本，所以才能取得诸多成就，并一直在世界上保持领先地位。

2.灌钢：是把生铁和熟铁合炼成钢。灌钢可以根据需要改变生铁和熟铁的含碳量，制成优质钢。其操作工艺有多种，一种是生铁和熟铁片捆在一起入炉冶炼；一种是把生铁放在上面，熟铁放在下面，生铁先熔化，渗淋熟铁之中，还有用其他工艺制炼的。

五、学习自评

（一）知识掌握

1.近年某地发现一座古代墓葬，出土距今5000年的玉面人和一尊扁足青铜方鼎，方鼎内壁刻有小篆。对此墓葬的年代，以下推测正确的是（　　）

A.据玉面人的年代推算，应为母系氏族时期

B.青铜器是商朝标志性器物，故应在商朝

C.商朝时期出现青铜铭文，估计在西周时期

D.根据文字判断，墓主最早应是秦朝人

2.以下为商代出土的青铜器（　　）

戈　　母已簋（食器）　角（酒器）　　　耜犁

上图所包含的信息有：①商代青铜铸造业发达；②青铜器具涉及社会生活的多个方面；③人类进入铁器时代；④青铜农具广泛应用

A.①②　　B.①③　　C.②③　　D.③④

3.一把出土于甘肃灵台的剑，剑柄用青铜铸成，剑身铁质，是我国现今出土最早的人工冶铁制品之一。该剑最早可能铸造于　　　　　　（　　）

A.夏朝　　B.商朝　　C.春秋　　D.战国

4.在一座古墓中发现了黑亮如漆的黑陶，洁白如雪的白瓷，闻名中外的粉彩和珐琅彩。这座墓葬的时间应不早于　　　　　　　　　　（　　）

A.魏晋　　B.隋唐　　C.宋代　　D.清代

5.2007年12月，宋代沉船"南海一号"的打捞吸引了全球的目光。考古工作者已经从南海一号上整理出大量珍贵的文物。下图是从"南海一号"打捞起来的各种瓷器，其中不可能有①青瓷②白瓷③珐琅彩④青花瓷（　　）

A.②③　　B.①④　　C.③④　　D.①②

6.明代烧制了大量带有阿拉伯文和梵文装饰图案的瓷器，清代专门烧制西餐用具和鱼缸，这主要是因为　　　　　　　　　　　　　（　　）

A.很多人开始喜欢外国文化和西方的生活方式

B.适应国外客户的需要

C.外来文化影响的结果

D.王室和贵族的奢侈生活的需要

7."凡花机通身度长一丈六尺，隆起花楼，中托衢盘，下垂衢脚。……提花小厮坐立花楼架木上。机末以杠卷丝，中用叠助木两枝，直穿二木，约

51

四尺长，其尖插于筘两头。"材料所描述的生产工具出现于　　　（　　）

A.西汉　　　B.两宋　　　C.元朝　　　D.明朝

8.某博物馆陈列着三张图片。下列与图片相关的历史信息描述中不准确的是　　　　　　　　　　　　　　　　　　　　　　　　　（　　）

图1 邢窑白瓷　　图2《天工开物》中的手工业生产场景　　图3 清代彩瓷

A.唐朝时形成南青北白的格局，邢窑白瓷最负盛名

B.清代我国彩瓷生产水平提高

C.明代我国的手工业生产得到发展

D.清代我国发明青花瓷

（二）材料分析题

材料一： 昔圣王之处士也，使就闲燕；处工，就官府；处商，就市井；处农，就田野。

——《国语·齐语》

材料二： 五亩之宅，树墙下以桑，匹妇蚕之，则老者足以衣帛矣。

——《孟子·尽心上》

材料三： 苏州东城比户习，"专其业者不啻万家"，大多"雇人工织"，按件计酬。

——清《长洲县志》

请回答：

1.以上三则材料分别反映了我国古代手工业中哪三种主要经营形态？

2.材料一所反映的手工业经营形态的主要特点是什么？

3.材料二反映出的经营形态的最主要特点是什么?

4.材料三反映出手工业部门出现了什么新的变化?

(三)拓展延伸

1.(2009年江苏4题)沈括《梦溪笔谈》载:"世间锻铁所谓钢铁者,用柔铁屈盘之,乃以生铁陷其间,泥封炼之,锻令相入,谓之团钢。"这项技术最早出现于 ( )

A.春秋时期　　B.西汉　　C.南北朝　　D.北宋

2.(2009年广东3题)康熙皇帝任命曹雪芹的祖父曹寅主持江宁织造局的生产。根据当时的制度,该局生产 ( )

A.全部投放市场,收入归皇室

B.全部供皇室使用,不投放市场

C.部分用于纳税,部分投放市场

D.部分供皇室使用,部分投放市场

3.(2009海南单科7题)明代中期以后,私营手工业在许多行业取代以前占主导地位的官营手工业。这主要是因为 ( )

A.官营作坊产品有限　　　　B.私营作坊工人增加

C.资本主义的萌芽　　　　　D.商业经济的发展

六、学法指导:用比较法学习中国古代手工业的经营形态

经营形态	生产经营模式	产品及流向	流通方式
官营手工业	由政府直接经营,进行集中的大作坊生产	主要生产武器和贵族消费的日用品	少量投放市场
民营手工业	民间私人经营	主要生产供民间消费的产品	投放市场
家庭手工业	农户的一种副业	主要供自己消费和交纳赋税	剩余产品投放市场

七、学习资料

1.中国古代民间手工业为什么经营艰难并有所发展

在漫长的自给自足的自然经济时代,家庭手工业占有相当的比重。另一方面,官营手工业在中国手工业经济中仍占有主导地位,在很大程度上限制了民间手工业的发展。到明清时代,官营手工业衰落,私营手工业逐步占据主导地位,表现在资本主义生产方式的萌芽开始产生。一是自给自足的自然经济开始遭到破坏;二是一些手工业作坊扩大为工场手工业。

2.课文插图说明——三星堆青铜礼器

三星堆青铜礼器,出土于三星堆遗址二号坑,造型很威严。三星堆青铜文化里的尊、罍、盘等,用以表示王朝权威和尊严,纹饰、造型受到中原青铜文化的深刻影响。

"气候专题复习"探究作业本

杨 威

一、学习目标

1.基础学习目标

通过典型试题分析,概括高考常考的气候类型试题的一般答题方法。

2.可持续发展学习目标

能够结合所学的气候知识和原理,运用答题方法解决真实情境中的问题,能将规律和原理性的知识灵活运用。

二、课前预习探究

阅读思考:北京高考地理题中有关气候方面的综合题,归纳试题设问角度及考察内容。

(1)与严重冻害区同纬度的大陆西岸也种植柑橘,说明其气候特点和形成原因。(6分)

(2)指出河套平原的年降水量分布特征,并分析原因。(8分)

（3）说明甲地降水特征及其形成原因。（8分）
（4）说明该区域大部分地区气候干旱，沙漠广布的主要原因。（6分）
（5）结合流域气候和地形特点，分析修建水库和新开入海河道的自然原因。（12分）
（6）分析气候对英国大气污染的影响。（10分）
（7）概述崇礼作为雪上项目主赛场的气候条件。（8分）

探究问题：高考中气候类试题的常考设问角度？典型题型有哪些？

三、课堂合作探究

对高考题中出现的典型气候试题进行专项分析，归纳概括几种典型试题的一般答题方法和思路，并应用在具体区域的分析中。

（一）气候的成因分析

探究问题：气候的影响因素

1.纬度位置（太阳辐射）

①全球太阳辐射的纬度分布规律：＿＿＿＿＿＿＿＿＿＿

②正午太阳高度角、昼夜长短和太阳辐射的关系：＿＿＿＿＿＿

＿＿＿＿＿＿＿＿＿＿＿＿＿＿＿＿＿＿＿＿＿＿＿＿＿＿＿

2.大气环流

①气压带对降水的影响：＿＿＿＿＿＿＿＿＿＿＿＿＿＿＿

②风带对降水的影响：＿＿＿＿＿＿＿＿＿＿＿＿＿＿＿＿

③风带对气温的影响：＿＿＿＿＿＿＿＿＿＿＿＿＿＿＿＿

3.地形

①对气温的影响：＿＿＿＿＿＿＿＿＿＿＿＿＿＿＿＿＿＿

②对降水的影响：＿＿＿＿＿＿＿＿＿＿＿＿＿＿＿＿＿＿

4.海陆位置

①对气温的影响：＿＿＿＿＿＿＿＿＿＿＿＿＿＿＿＿＿＿

②对降水的影响：＿＿＿＿＿＿＿＿＿＿＿＿＿＿＿＿＿＿

5.洋流

_____

6.其他因素

①下垫面性质：_____

②人类活动：_____

③天气系统：_____

（二）气候的分布、特点

探究问题1：依据气候的模式图，探究世界气候类型的分布、成因和特点。

气候类型	大气环流	气候特点	分布规律

探究问题2：运用气候资料，判断气候类型、描述气候特征。

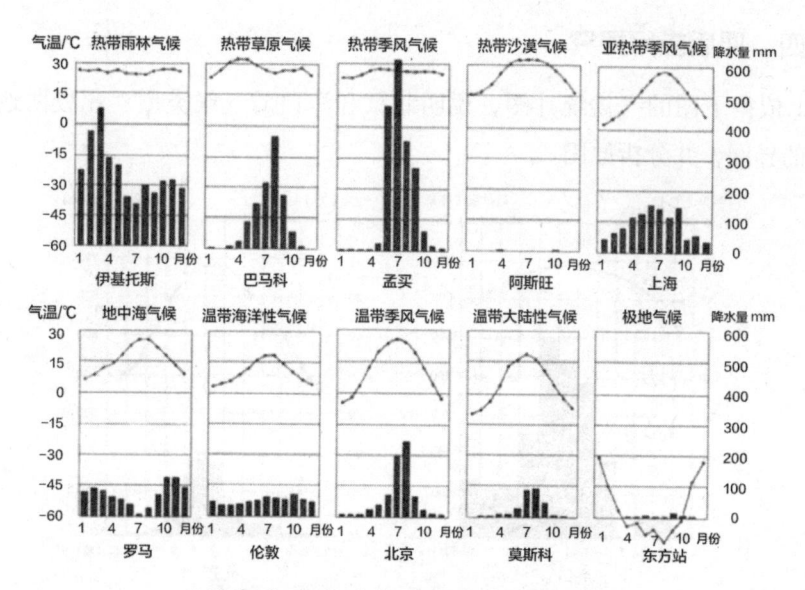

世界部分城市的气温曲线降水柱状图

（1）气候类型的判读方法：

（2）气候特征的描述方法：

（三）气候对地理环境的影响

探究问题：运用地理环境整体性原理，分析气候对自然环境的影响、对人类活动的影响。

（1）举例说明气候和自然环境的关系。

（2）举例说明气候对人类活动的影响及人类活动对气候的影响。

四、课后应用探究

1.依据下图的气候统计图，说明北京和海口的气候类型，比较两地气候特征的异同，并分析原因。

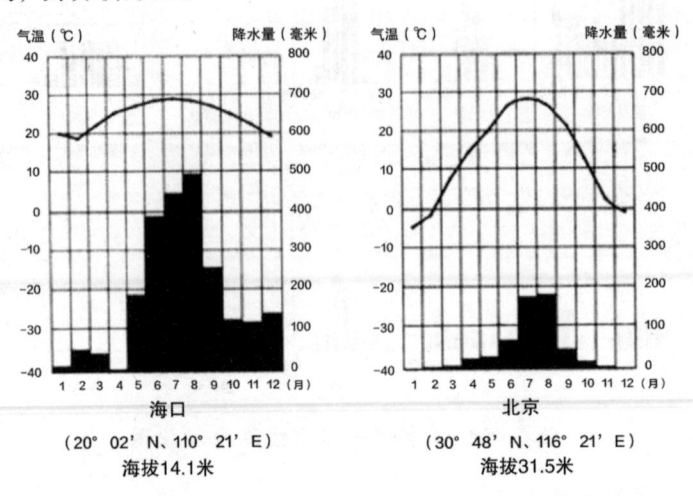

海口
（20°02′N、110°21′E）
海拔14.1米

北京
（30°48′N、116°21′E）
海拔31.5米

2.结合北京地区的地理环境，分析气候条件对当地植被、河流等环境的影响。

3.北京与河北张家口联合举办2022年冬奥会，结合区域地图分析北京适合开展冰雪项目的气候条件和形成这种条件的原因。

"中国的世界遗产"探究作业本

一、学习目标

1.基础学习目标

（1）学生通过上网查找资料学习每个世界遗产的分布和特点。

（2）学生通过这样的学习方法可以加强自学能力，组织能力和语言表达能力。

2.可持续发展学习目标

让学生通过自学认识我国世界遗产，产生强烈的民族自豪感和保护世界遗产的责任感。

二、课前预习探究

老师讲解本节课的准备要求：

1.每人选择一个世界遗产，回家上网查资料，做成PPT，课上给每人2分钟时间展示。

PPT必须包括本遗产的地点、特点。其他学生听一个世界遗产则完成填图和填表工作。

2.讲完课后再把所讲内容集中在A4纸上，可以根据自己的特点进行美化。把每个人的作品贴在班里合适位置供大家学习。

3.本内容预计两节课完成。

三、课堂合作探究

根据课前进行的预习探究，每人完成下表。

世界遗产	主要特点	其他

"中国世界遗产"练习题

一、选择题（15题，每题2分）

1.下列我国的世界遗产都属于自然遗产的是　　　　　　（　　）

A.苏州古典园林、青城山—都江堰、庐山国家公园

B.黄龙风景名胜区、苏州古典园林、长城

C.北京故宫、庐山国家公园、平遥古城

D.黄龙风景名胜区、云南三江并流保护区、武陵源风景名胜区

2.下列世界遗产所在地，按照从东到西排序正确的是　　　　　　（　　）

A.北京故宫　平遥古城　秦始皇陵兵马俑　莫高窟

B.沈阳故宫　布达拉宫　大足石刻　丽江古城

C.武夷山　武陵源　孔庙　乐山大佛

D.北京猿人遗址　澳门历史城区　都江堰　皖南古村落

　　黄山作为世界自然与文化双遗产，集名山胜景于一身，其兼泰山之雄伟、华山之俊俏、衡山之烟云、庐山之飞瀑、峨眉之清秀、雁荡之巧石、长白之温泉，是我国特点最多的名山，也很自然地成为我国著名的旅游胜地。结合所学，回答3~7题。

3.黄山地处我国　　　　　　　　　　　　　　　　　　　　　　（　　）

A.安徽省的西北部　　　　　　B.长江以北

C.第二级阶梯　　　　　　　　D.亚热带季风气候区

4.黄山迎客松能生长于悬崖峭壁之上，是因为　　　　　　　　　（　　）

A.那里的岩石性质比较松软有利于根部伸展

B.那里的土壤比较肥沃有利于植物生长

C.黄山松的根部能释放酸性物质，溶解侵蚀花岗岩体

D.悬崖峭壁处的光照条件非常好

5.在黄山景区的基本组成要素中属于景区吸引物的是　　　　　　（　　）

A.黄山"四绝"　　　　　　　　B.旅游者

C.景区服务业　　　　　　　　D.景区的基础设施

6.黄山与周围的九华山（佛教名山）、歙县（历史文化名城）、千岛湖等旅游景点相距不远，这表明黄山旅游区　　　　　　　　　　　（　　）

A.旅游资源的集群效应较好　　B.旅游资源的游览价值高

C.交通位置及通达性好　　　　D.市场距离较短

7.旅游旺季时黄山游人过多，对黄山自然环境可能造成的破坏主要是

　　　　　　　　　　　　　　　　　　　　　　　　　　　　　（　　）

A.环境污染及生态环境破坏　　B.对当地社会治安带来隐患

C.对景区服务业造成巨大压力　　D.对景区的基础设施造成破坏

故宫是举世闻名的世界文化遗产，位于北京市中心，旧称紫禁城。是明、清两代的皇宫，其被誉为世界五大宫之首。站在故宫的太和殿前俯视蔚为壮观的飞檐叠嶂、红墙绿瓦，会让你深深地感受到博大精深的中国古代建筑文化。回答第8题。

8.2008年10月3日故宫的日接待人数达到14.8万人，为北京之最。其主要原因是　　　　　　　　　　　　　　　　　　　　　　　　（　　）

A.具有多样化的自然美景

B.具有形、色、声、动等美感

C.具有非凡性和历史文化价值

D.位于首都北京，地理位置好

北京颐和园和苏州园林是两处世界文化遗产，分别是中国古代北方园林和南方园林的代表，回答第9题。

9.有关我国南、北方园林建筑风格的叙述，正确的是　　　　（　　）

A.北方的皇家园林建筑风格以灰色为主色调

B.南方的私家园林是以红黄为主色调的古典园林

C.北方园林面积大、气势宏大

D.南方园林多集国外建筑风格为一身

诗句"横看成岭侧成峰，远近高低各不同"和"会当凌绝顶，一览众山小"，分别描述了庐山和泰山两大风景名胜区的特点。据此回答10~12题。

10.游客登上泰山之巅，有感"会当凌绝顶，一览众山小"，是因为
　　　　　　　　　　　　　　　　　　　　　　　　　　　（　　）

①选择了合适的登山路线

②在特定气象条件下观赏的感受

③泰山周围是地势低平的华北平原

④选择了合适的观赏位置，以情观景

A.①②　　　　B.②③　　　　C.②④　　　　D.③④

11."横看成岭侧成峰，远近高低各不同"，说明欣赏旅游景观要
　　　　　　　　　　　　　　　　　　　　　　　　　　　（　　）

A.把握观赏时机　B.选择观赏位置　C.抓住景观特点　D.移情于景

12.庐山和泰山作为旅游资源,在构造上其共同成因是 (　　)
A.由沉积作用形成　　　　　　B.火山喷发而成
C.板块挤压形成的褶皱山　　　　D.地壳运动形成的断块山

随着青藏铁路的开通,西藏旅游不断升温。结合图1,回答13~15题。

图1　西藏布达拉宫

13.布达拉宫享有"世界屋脊上的明珠"的美誉,因为其 (　　)
①建筑具有极高的美学价值　　②因地制宜,依山而建
③具有强大的防御功能　　　　④具有深山藏古寺的意境
A.①②　　B.②③　　C.②④　　D.③④

14.赴西藏旅游,采用"渐进—阶梯式"模式,其原因是为了 (　　)
A.抵御恶劣的气候环境　　　　B.适应海拔高度的变化
C.适应当地的交通条件　　　　D.躲避山洪暴发等灾害

15.每年旅游旺季,西藏布达拉宫每日仅开放6.5小时,接待850位游客,其主要原因是 (　　)
A.交通条件不便　　　　　　　B.自然条件限制
C.环境容量限制　　　　　　　D.游客数量不足

二、综合题

16.阅读材料,完成下列问题。(10分)

九寨沟在20世纪60年代前鲜为人知,当地居民过着自给自足的生活。1984年正式对外开放,当年游客量27529人次,1992年被联合国教科文组织评为世界自然遗产,2006年接待游客达273万人次,旅游社会收入达23.2亿元,

三大产业比重变为8∶21∶71。

为实现旅游业的可持续发展，九寨沟先后拆除景区内影响生态环境和与规划相悖的建筑；在县城建设宾馆、饭店，实现了"沟内游、县城住"；率先采取控制游客分时限量、"数字九寨"等管理措施；开通了景区绿色环保观光车，新建免水冲生态厕所等，实现污染物零排放；修建生态人行栈道，实现人车分流，扩大景区容量；建成生态监测站，实施山地灾害治理、环境综合监测等科学举措。

（1）简述九寨沟旅游业发展对当地社会经济的促进作用。（4分）

（2）概括九寨沟景区为可持续利用旅游资源所采取的措施。（6分）

17.如图2，路南石林风景区是我国著名的旅游胜地，也是世界著名的自然遗产，其参差峰峦、千姿百态、巧夺天工，享有"天下第一奇观"之誉。根据所学知识回答下列问题。（10分）

图2　路南石林

（1）路南石林位于_____（省/区），它是_____地貌的典型景观，这与其处于_____气候区有关。（3分）

（2）游览路南石林景观，正确的方法是_____（1分）

①应远眺，方得其全貌

②要置身于其中近观方知其妙

③近距离仰望，以兼收其形、色、声、动等美感
④在位置较高的亭台上，俯览远望而得其景趣
A.①②　　　B.③④　　　C.①②④　　　D.①②③

（3）简述"中国南方喀斯特"自然遗产形成的自然条件？（2分）

（4）试分析路南石林风景区的优势条件有哪些？（4分）

18.根据所学知识和材料，完成下列各题。（10分）
（1）说出山西省的世界遗产的名称及其类型。（3分）

　　山西省某景区有国内保存完整的城墙，有400余处体现中国古代不同历史时期建筑形式、施工方法和用材标准的民居、府衙等建筑。其中镇国寺万佛殿是我国现存最珍贵的木结构建筑，殿内的五代彩塑是研究中国早期彩塑的样本。该地在19世纪中后期一度成为中国近代金融业中心，"汇通天下"的"日升昌"票号是中国金融业的开山鼻祖，它的兴衰诉说晋商乃至整个民族的故事。

（2）结合材料，概括某景区旅游资源的重要价值，完成下表。（7分）

	重要价值	判断依据
1		
2		殿内的五代彩塑是研究中国早期彩塑的样本
3		
4	经济价值	

"锋面与天气"探究作业本

陈 婷

一、学习目标

1.基础学习目标

（1）通过识读示意图，了解气团（冷气团、暖气团）的概念，锋的概念与分类。

（2）通过对锋面系统特点的学习，能够说明这些锋面系统是如何对所到达地区的天气产生影响的，并能够结合当地情况分析发生的天气实例。

2.可持续发展学习目标

（1）通过对冷锋与暖锋天气系统的对比分析而提高地理综合分析能力。

（2）培养思维品质和空间想象能力，以及知识之间联系的联想能力。

（3）通过本节课学习，激发探究天气的形成和变化的兴趣和动机、培养求真、求实的科学态度。

二、课前预习探究

1.预习教材上本节的内容，理解气团的概念、分类。

2.根据教师给定的时间段，每天收听天气预报并记录下天气变化的关键词。

3.根据收听的天气预报，绘制一周时间内的天气现象及气温变化曲线图。

三、课堂合作探究

1.根据课前预习，说出什么是气团？按照温度和湿度差异气团该如何分类？

2.通过观察PPT的动态演示及老师对冷锋的形成原因、雨区位置、过境天气等知识的讲解，你能说出暖锋的相关知识吗？

3.小组讨论：冷锋和暖锋的相同点和不同点分别是什么？

		冷锋	暖锋	准静止锋
形成原因				
示意图				
锋面符号				
雨区位置				
天气状况	过境前			
	过境时			
	过境后			
我国实例				
对比	同			
	异			

4.根据所学知识，判断学案上的案例分别属于哪一种天气系统？你的依据是什么？

5.在列表中将各天气系统所对应的典型天气实例补充完整。

案例探究（请说出下列天气实例所对应的锋面类型）

（1）案例1：寒潮

资料：2010年1月3日，受蒙古东部南下的强冷空气影响，新年首次寒潮天气带来一场打破北京59年记录的暴雪。北京平均风力4、5级。未来48小时最低气温下降8℃以上。

（2）案例2：江淮地区梅雨天气

资料：我国长江中下游地区，通常每年六月中旬到七月上旬是梅雨季节。天空连日阴沉，降水连绵不断，时大时小。所以我国南方流行着这样的谚语："雨打黄梅头，四十五日无日头。"

（3）案例3：春季沙尘暴

资料：2010年3月21日，蒙古国地区出现强沙尘暴天气，随强冷空气南下，这股沙尘先后经过内蒙古、山西、河北，于22日晨抵达北京，使我市地面滞留大量浮土，5、6级的北风也很容易引起局地扬尘。

（4）案例4：北方夏季暴雨

资料：2004年7月10日，受河套地区东移的降水云系影响，北京出现了短时暴雨，到20时平均降雨超过50mm，北京气温也随之大幅下降，10日的最低气温下降到19℃。

（5）案例5：昆明和贵阳的天气差异

资料：冬半年时，在冬季西北风的带领下，西伯利亚的冷空气不远万里南下而来，遇到南方暖气团。而贵阳等地阴雨寡照，"天无三日晴"，昆明一带却阳光充足，温暖晴朗。昆明与贵阳的年平均日照时数相差竟达1116小时。

四、课后应用探究

1.由天气或气候原因所造成的疾病统称为"气象病"。为什么晚秋至冬季的"气象病"危害最甚呢？

2.模拟天气预报员，试着播报一段冬季寒潮来临的天气预报。

第二节 由传统性作业向生活性作业转变

传统作业一般为学科知识类作业，更多地指向于知识的巩固练习，缺乏实践性。为此，将学科知识与学生的生活实践相结合，基于学科教学的关键能力，各个学科围绕特定的专题，进行系统性设计，不仅关注知识的应用，更通过观察、动手、调查等实践性行为获得贴近社会和生活的知识，形成一种新的学习形式。它是相对于传统作业而言的一种改革和创新，不仅关注学生在科学知识、科学方法和科学对社会影响的发展，更关注学生对人类生存意义和价值的关怀，具备人文精神，两者进行整合设计，从而提升学生的科学和人文素养。（以九中分校生活类作业为例展示集团生活类作业的研究成果）

爱心晚餐——请你为忙碌一天的父母设计一顿晚餐

1.请你为爱心晚餐报上菜名。

（1）_____ （2）_____ （3）_____

2.说说你为什么这样设计？（可以从营养搭配、养生、父母身体状况等角度考虑）

3.准备过程。

（1）请你叙述一下买菜的过程。（包括原材料的种类、数量、重量、价格，或者买菜中的特别经历）

材料种类	数量	重量	价格	买菜中的特别经历
买菜经历				

（2）请你描述一下做菜的过程。（包括择菜、洗菜、切菜、炒菜以及做菜过程中的特别感受）

（3）菜品展示（请在此处贴上照片）

（4）请你计算一下整顿晚餐所需要的时间和成本，并总结怎样统筹安排才能节省时间、降低成本。

（5）请你描述父母吃晚餐的情景。

（6）请你说说给父母精心做饭后的感受。

（7）请你父母为这顿晚餐写出综合评价。（可以从菜的色、香、味以及情感角度评价）

温馨小屋——请你用自己的双手装扮一下自己的小屋

1.请你介绍自己家的位置、面积和格局，画一个平面图。
（1）"温馨小屋"简介

（2）"温馨小屋"平面图

2.请你介绍"温馨小屋"里家具布局和物品摆放设计及意图。

3.请你通过自己的劳动，用自己的双手让"温馨小屋"更加靓丽。

（1）记录你彻底整理房间的过程。（整理包括衣服、床上物品等）

（2）请你记录打扫房间的具体过程。（包括客厅、卧室、厨房、卫生间等）

（3）附上打扫前后的照片。

打扫前	打扫后

（4）请你描述劳动带给你的心得感受。

（5）父母对你的劳动成果的评价。

银行一日行——请你选择一家银行完成下面的任务

注：由于你未满16周岁，需要你的父母带身份证、户口本等相关证件到银行证明你的身份。

1.用自己的名字开户并存款。写出银行开户的流程及所需证件，并把办理业务后的单据粘贴在本页。

2.请你在ATM机上查询你卡内的余额，取款，存款。写出完成这些操作的流程及注意事项。把存取款凭证粘贴在本页。

3.该家银行的ATM机上能办理哪些业务？能代办哪些生活服务类业务？

请你选择一项操作。
你选择的项目是_____。写出流程：

4.请你用新开的户头给你的父母转账。写出转账的流程。

5.完成以上四项任务后，根据你的亲身体验与感受，编写一份对其他储户的《温馨提示》（包括银行的营业时间，办理基本业务所需证件或材料，办理业务高峰时段，哪些业务可以用ATM机自助办理以节约时间等）

家长寄语：

参观博物馆——请你在假期中参观北京的一个博物馆，并完成以下任务

1.【参观须知】

详细地址：

乘车路线：

门票价格：

电话：

开放时间：

特别提示：

2.上网了解该博物馆，依据网站介绍，确定你的参观路线，并在下面绘制你的参观路线图。

3.参观中，拍摄你最喜欢的展品并在你喜欢的展品前留下自己的身影，将照片贴在下面。

4.编写参观该博物馆的解说词。

5.根据实地参观，写出你的心得感受（word形式，着重写感受和收获，最好附上参观照片，图文并茂）。

6.DV作品（最好转换成avi、mpeg、wmv、mp4格式，要有你自己的参观影像）。

家长寄语：

名著选读——请你从老师推荐的书目中任意选取一个系列静心品读

名著选读	推荐书目		
老舍系列	《骆驼祥子》	《四世同堂》	《茶馆》
毕淑敏系列	《愿你与这世界温暖相拥》	《精神的三间小屋》	《冰雪花卉》
诗词系列	《刀锋上的渴望——辛弃疾》	《人间有味是清欢——苏轼的词与情》	《唐诗不妨这样读》

日　　期		所读书目	
页　　码		签　　字	
精彩片段			
心灵之声 （可以根据所读内容展开想象，另附白纸绘制画面；也可以结合触动心灵的文字，写下感受）			

第三章 循序渐进探索有效作业设计路径

日　期		所读书目	
页　码		签　字	
精彩片段			
心灵之声 （可以根据所读内容展开想象，另附白纸绘制画面；也可以结合触动心灵的文字，写下感受）			

学段衔接视野下的有效作业探索

日　期		所读书目	
页　码		签　字	
精彩片段			
心灵之声 （可以根据所读内容展开想象，另附白纸绘制画面；也可以结合触动心灵的文字，写下感受）			

第三章 循序渐进探索有效作业设计路径

日　期		所读书目	
页　码		签　字	
精彩片段			
心灵之声 （可以根据所读内容展开想象，另附白纸绘制画面；也可以结合触动心灵的文字，写下感受）			

日　　期		所读书目	
页　　码		签　　字	
精彩片段			
心灵之声 （可以根据所读内容展开想象，另贴附白纸绘制画面；也可以结合触动心灵的文字，写下感受）			

第三章 循序渐进探索有效作业设计路径

日　期		所读书目	
页　码		签　字	
精彩片段			
心灵之声 （可以根据所读内容展开想象，另贴附白纸绘制画面；也可以结合触动心灵的文字，写下感受）			

寻找我身边的最美——请你尝试进行微电影创作

为弘扬和践行社会主义核心价值观，培养新时期好少年，做有抱负、有担当、有品位的九中人，并锻炼我校学生电子设备及相关软件的运用，北京九中初中部在2015年暑假期间将进行学生微电影创作要求。

一、活动主题：我身边的美

二、活动目的：展现社会、社区、家庭中体现良好价值观的人或事儿。

三、创作设备：DV、手机等录像设备，后期进行自我剪辑、编辑。

四、作品时间：8分钟以内

五、创作要求：

1.充满活力，积极向上，有创造性。

2.尽量体现社会某一方面的生活内容，避免重复。

3.微电影的动作设计要遵循健康和安全的原则。

4.表现力丰富，富有激情、感染力强。

5.作品可以个人创作，也可小组联合创作，在作品中体现创作者的姓名、班级。

6.上交作品应有明确主题、最好添加适当字幕及音乐。

7.不得抄袭他人作品或挪用他人作品。

8.保证视频清晰度及完整性。

六、上交时间：9月6日报到时，电子版上交班主任。

七、评比办法：可以小组或个人形式参评，班级推荐，学校择优颁奖并进行全校展播。

第三节　分层作业的设计

尽管创造力人皆有之，但每个人的思维素质的层次是不一样的，因此，对不同基础的学生，探究问题的难度和教师指导的"度"是不同的。对学生有效的指导即因材施教。探究式策略一般可分为三个层次：基础层次、中等层次、较高层次。而学生的作用，也可以分层实施，逐层深入，体现为基础性、开放性、合作性、实践性、探究性等。

新作业理念下强调要减少仅具训练意义的作业，有效的作业教师必须清楚该作业在整个学习过程中的作用，学生了解该作业的目的与学习意义。因此，作业要考虑到作业的功能与特点，如引导预习的作业、促进理解的作业、提高熟练性的作业、意在诊断的作业、形成讨论的作业（合作任务）、重在体验的作业、促进知识体系形成的整理作业，等等。依据不同基础的学生，设计不同层级的作业：即基础层次、中等层次、较高层次。这样，学生的作业就不会千篇一律，而是分层实施，逐层深入，呈现出基础性、合作性、探究性等态势。

为此，日常作业、小假期作业、假期作业及特殊假期（雾霾假期）等，因为学习要求不同，作业的内容、容量、形式、层级也不相同。高中部雾霾小假期停课不停学作业呈现出以下特征：

一是体现承上启下梳理功能，老师布置了"复习整理"与"检测练习"两项内容，涉及知识的理解、体系的整理与诊断；

二是体现了层级性，包括学科知识作业、感悟体验类作业及拓展类作业；

三是作业要求具体明确，与学科学习特点与学习阶段相吻合。

九中集团某小学在进行分层作业设计时，作出如下探索：

把作业分成三个层次：基础练习、提高练习、拓展练习。

基础练习：重在基础知识和基本技能的操练，练习的内容与例题相仿。这一层次的练习要结合题目的内容让学生理清算理，明确思路，检查学生对新知识的理解情况，强化正确的认识，矫正学生错误的理解。这类练习一是教师要了解全班学生练习的情况，充分发现问题并及时纠正。二是练习的数量要充足，让学生经过较充分的练习，其基本题目的正确率接近百分之百。当然，基础练习并不是简单地、机械地重复练习，它需要学生认真思考，经过努力才能完成。主要适合于基础较差的学生。

提高练习：重在对知识的理解和简单运用，主要适合于中等生。

拓展练习：即把有联系的新旧知识穿插在一起安排。通过沟通巩固新旧知识的联系，增强新旧知识的可辨性。题型灵活多样，偏重于理解感悟、形象拓展、综合运用，主要适合于优秀生。

九中集团内高中部在各学科也很强调分层作业的设计，具体如下。

基于等级考五种能力要求的高三物理分层作业

等级性考试把对能力的考查放在首要位置，考查的能力主要包括理解能力、推理能力、实验能力、应用能力和探究能力。各种能力的具体含义如下：

（1）理解能力。理解能力是指理解知识的意义，把握物理情景的本质特征并能将知识与情景联系起来的能力。具体要求如下：

①理解物理概念和规律的确切含义，明确物理概念和规律的适用对象、适用条件、适用范围，及与其他物理概念和规律的区别和联系。

②根据研究对象运动（变化）的特点，正确选用物理量、物理规律描述物理状态、物理过程。

③理解物理学的基本观点和物理学的基本方法。

（2）推理能力。推理能力是指根据给定的情景，利用已有的知识、方法，针对问题进行逻辑推断、归纳和论证，并得出正确结论的能力。具体要求如下：

①应用物理概念和规律进行正确推断，明确物理状态的存在条件，定性分析物理过程的变化趋势。

②根据具体问题，运用数学手段和物理规律确定物理量之间的定量关系，通过运算、估算进行论证和判断，并能把推理过程和结果正确地表达出来。

（3）实验能力。实验能力是指针对具体问题，根据已有条件，运用已学过的知识和方法制定方案，通过实验解决问题的能力。能独立完成"知识内容表"中所列的实验。具体要求如下：

①了解基本仪器的主要性能和使用方法，根据需要，能合理选择和正确使用基本仪器。

②理解实验原理和方法，控制实验条件，排除实验故障，正确观察、测量、记录实验现象和实验数据。

③分析处理实验数据，对实验结果进行描述和解释，对误差进行初步分析和讨论，评价实验结论。

（4）应用能力。应用能力是指综合运用已有的知识和方法，分析和解决问题的能力。具体要求如下：

①将较简单的实际情景抽象为与之对应的物理问题，弄清其中的状态和过程，找出相关条件和主要因素。

②将较复杂的问题分解为几个较简单的问题，并找出它们之间的联系。

③对问题进行合理的简化，找出物理量之间的关系，利用恰当的数学表达方式进行分析、求解，得出结论。

（5）探究能力。探究能力是指通过自主学习和独立思考，发现、解决新问题的能力。具体要求如下：

①通过阅读和观察，获取新知识、新方法。

②从物理情景中发现物理问题，提出研究思路或解决方案，建构适当的简化模型，并应用恰当的研究方法得出结论。

③依据已有资源，设计简单实验，组合实验器材，拟定实验步骤，探究所要解决的问题。

④对探究的过程、方法和结论作出解释和评价，提出修改和完善的建议。

根据等级考五种能力的界定，将作业分为三个层次：

层次一：

突出理解能力，推理能力，问题限定在基础层次。基础层主要落实基础知识、基本能力，稳扎稳打，建立好稳固的知识体系，形成良好的科学推理思维，养成良好的解题习惯（包括规范的书面表达和解题程序步骤），逐渐习得规范的解题能力，形成正确的物理观念。

层次二：

突出实验能力、应用能力，通过具体问题情境，解决具体问题，突出能力发展。层次二在落实好基础层要求的基础上，提出更高一层的学习要求，适当渗透独立学习能力，适当见识一下解决新情境问题能力，逐步发展其知识迁移能力、问题解决能力。

层次三：

突出探究能力，通过新情境，突出信息选择获取分析能力。层次三在落实好基础知识体系的基础上，需要重点发展其独立学习能力，发现问题、提出问题、设计解决方案、评估交流的能力。

直线运动——层次一作业

一、单选题

1.关于时间和时刻，下列说法正确的是 （   ）

A."物体在4s时"就是指物体在4s末时，指的是时刻

B."物体在4s时"就是指物体在4s初时，指的是时刻

C."物体在4s内"就是指物体在3s末到4s末的这1s时间

D."物体在第5s内"就是指在4s初到5s末这一段时间

2.某校秋季运动会400m比赛中，1号赛道、2号赛道起跑线如图所示，两赛道的运动员成绩分别为50.0s和52.5s，已知学校跑道为标准跑道（1号赛道周长400m），则以下说法正确的是 （   ）

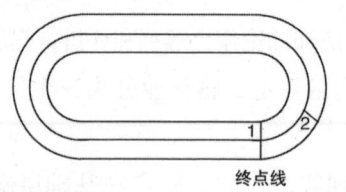

A.50.0s，52.5s均指时刻

B.赛道1和赛道2的运动员位移相等

C.赛道1运动员的平均速度小于赛道2运动员

D.赛道1运动员的平均速度大于赛道2运动员

3.关于加速度和速度的关系，以下说法中正确的是 （   ）

A.加速度越来越大，则速度越来越大

B.加速度的正负表示物体运动的方向

C.运动的物体加速度大，表示速度变化大

D.物体运动的加速度方向与初速度方向相同，则物体的运动速度将增大

4.甲、乙两名跳伞运动员，从静止在空中的直升机上先后跳下，在打开伞前的一段时间内，后跳的运动员乙看到甲的运动情况是 （   ）

A.向下匀速运动　　　　　　B.静止不动

C.向下匀加速运动　　　　　　　D.向下变加速运动

5.一小物块以20m/s的初速度竖直上抛，不计空气阻力，重力加速度 g 取 $10m/s^2$，则以下说法中错误的是

A.在第2s末物块到达最高点，瞬时加速度为零

B.在0-1s内上升的高度是总高度的四分之三

C.在第3s末时的速度与第1s末时的速度等大反向

D.在0-4s内的平均速率为10m/s

6.滑块以某一初速度从斜面底端冲上斜面做匀减速直线运动，到达斜面顶端时的速度为零。已知滑块通过斜面中点时的速度为 v，则滑块的初速度为　　　　　　　　　　　　　　　　　　　　　　　　（　　）

A.$\frac{\sqrt{2}+1}{2}v$　　B.$(\sqrt{2}+1)v$　　C.$\sqrt{2}v$　　D.$\frac{1}{2}v$

7.甲、乙两物体在同一直线上运动的 x-t 图象如图所示，以甲的出发点为原点，则从图象可知　　　　　　　　　　　　　　　　　　　（　　）

A.甲、乙同时同地出发

B.甲、乙不同时也不同地出发

C.4s内甲、乙的平均速度之比为2∶1

D.4s末，甲、乙的速度相等

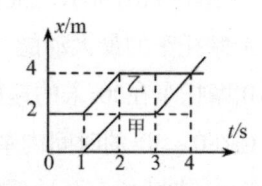

8.一质点位于 $x=-1m$ 处，$t=0$ 时刻沿 x 轴正方向做直线运动，其运动的 v-t 图象如图所示。下列说法正确的是　　　　　　　　　　　（　　）

A.0-2s内和0-4s内，质点的平均速度相同

B.第3s内和第4s内，质点加速度的方向相反

C.第3s内和第4s内，质点位移相同

D.$t=4s$时，质点在 $x=2m$ 处

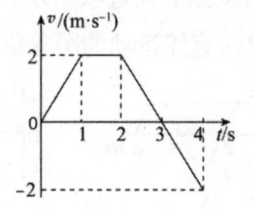

直线运动——层次二作业

实验题

1.甲、乙两车在同一平直公路上同向运动。甲做匀加速直线运动，乙做匀速直线运动。甲、乙两车的位置 x 随时间 t 的变化如图所示，下列说法正确

的是 ( )

A.在 t_1 时刻两车速度相等

B.从0到 t_1 时间内,两车走过的路程相等

C.从 t_1 到 t_2 时间内,两车走过的路程相等

D.在 t_1 到 t_2 时间内的某时刻,两车加速度相等

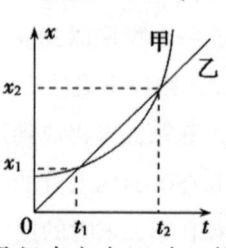

2.跳伞运动员从高空悬停的直升机跳下,运动员沿竖直方向运动,其 v-t 图象如图所示,下列说法正确的是 ( )

A.运动员在0-10s内的平均速度大小等于10m/s

B.从15s末开始运动员处于静止状态

C.10s末运动员的速度方向改变

D.10-15s内运动员做加速度逐渐减小的减速运动

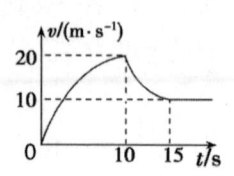

3.一辆摩托车在 $t=0$ 时刻由静止开始在平直的公路上行驶,其运动过程的 a-t 图象如图所示,根据已知信息,可知 ( )

A.摩托车的最大动能

B.摩托车在30s末的速度大小

C.在0~30s的时间内牵引力对摩托车做的功

D.10s末摩托车开始反向运动

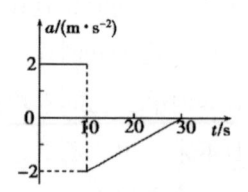

4.设物体运动的加速度为 a、速度为 v、位移为 x。现有四个不同物体的运动图象如下列选项所示,假设物体在 $t=0$ 时的速度均为零,则其中表示物体做单向直线运动的图象是 ( )

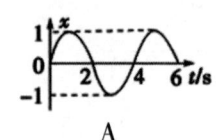

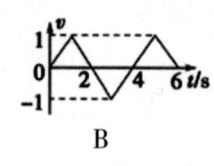

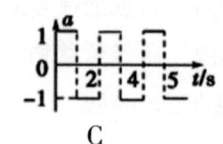

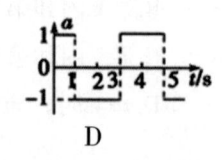

A B C D

5.下列所给的运动图象中能反映做直线运动的物体不会回到初始位置的是 ( )

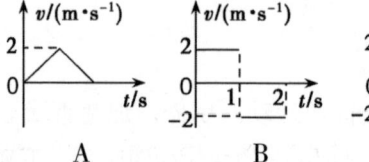

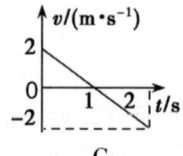

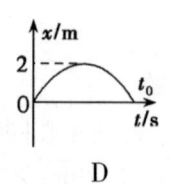

A B C D

6.小明和小华操控各自的玩具赛车甲、乙在小区平直的路面上做直线运动，$t=0$ 时刻两赛车恰好并排，此后两赛车运动的位移 x 与时间 t 的比值随时间 t 的关系如图所示，对于甲、乙两赛车前2s的运动，下列正确的是 （   ）

  A.$t=1$s时，甲在乙的前面且相距最远

  B.$t=1$s时，甲、乙两赛车相遇

  C.$t=2$s时，甲在乙的前面且相距最远

  D.$t=2$s时，甲、乙两赛车相遇

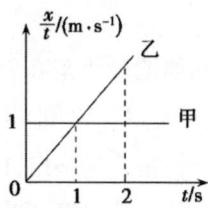

7.汽车以10m/s的速度在马路上匀速行驶，驾驶员发现正前方15m处的斑马线上有行人，于是刹车，让汽车恰好停在斑马线前，假设驾驶员反应时间为0.5s。汽车运动的 $v-t$ 图象如图所示，则汽车的加速度大小为 （   ）

  A.20m/s^2 B.6m/s^2

  C.5m/s^2 D.4m/s^2

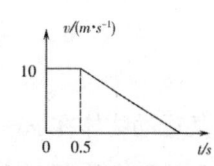

8.为检测某新能源动力车的刹车性能，现在平直公路上做刹车实验，如图所示是动力车整个刹车过程中位移与速度平方之间的关系图象，下列说法正确的是 （   ）

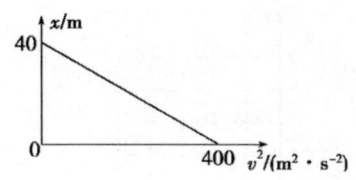

  A.动力车的初速度为40m/s

  B.刹车过程动力车的加速度大小为5m/s^2

  C.刹车过程持续的时间为10s

  D.从开始刹车时计时，经过6s，动力车的位移为30m

9.道路交通法规规定：黄灯亮时车头已越过停车线的车辆可以继续行驶，车头未越过停车线的若继续行驶，则属于交通违章行为。一辆以10m/s的速度匀速直线行驶的汽车即将通过红绿灯路口，当汽车车头与停车线的距离为25m时，绿灯还有2s的时间就要熄灭（绿灯熄灭黄灯即亮）。若该车加速时最大加速度大小为2m/s^2，减速时最大加速度大小为5m/s^2。请通过计算说明：

  （1）汽车能否不闯黄灯顺利通过？

（2）若汽车立即做匀减速直线运动，恰好能紧靠停车线停下的条件是什么？

10.如图，小车在斜面上运动时，通过打点计时器所得的一条纸带（A、B、C、D、E、F每相邻的两点间都有四个点未画出），测得各段长度为 OA=6.05cm、OB=13.18cm、OC=21.40cm、OD=30.70cm、OE=41.10cm、OF=52.58cm，根据这些数据，如何论述证明小车在斜面上运动是匀加速直线运动。（打点计时器电源的频率为50Hz）

11.某运动物体在 xoy 平面内，由起点（3m，1m）出发，沿直线运动到点（1m，4m），然后又由点（1m，4m）沿直线运动到终点（5m，5m）。

（1）在给定坐标系中画出物体运动的轨迹；

（2）通过计算得出物体由起始点运动到终点的位移大小为_____m。

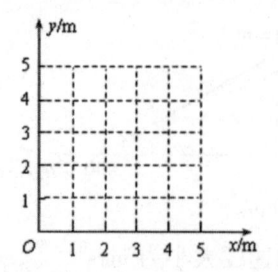

12.在研究物体做初速度为零的直线运动的某次实验中，纸带的记录如图所示，图中前几个点模糊，因此从 A 点开始每5个点取一个计数点，试根据纸带求解以下问题（计算结果保留三位有效数字）：

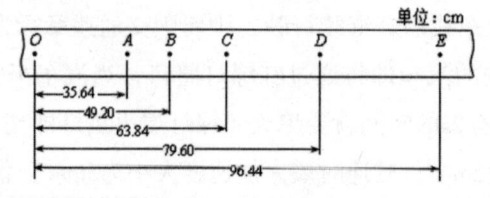

（1）纸带的_____（填"左端"或"右端"）与物体相连；

（2）相邻两计数点间的时间间隔是_____s；

（3）BD段对应的平均速度大小为 v=_____m/s；

（4）打点计时器打计数点 C 时物体瞬时速度的大小 v_c=_____m/s；

（5）物体在对应纸带上运动时具有的加速度大小为 a=_____m/s。

13.某人在室内以窗户为背景摄影时，恰好把窗外从高处落下的一个小石子拍摄在照片中，已知本次摄影的曝光时间是0.01s，测得照片中石子运动痕迹的长度为0.8cm，实际长度为100cm的窗框在照片中的长度为4.0cm。g 取 $10m/s^2$。

（1）根据照片估算曝光时间内石子下落了多少距离？

（2）估算曝光时刻石子运动的速度是多大？

（3）估算这个石子大约是从距离窗户多高的地方落下的？

14.一车处于静止状态，车后距车 S_0=25m处有一个人，当车以$1m/s^2$的加速度开始起动时，人以6m/s的速度匀速追车，能否追上？若追不上，人车之间最小距离是多少？

直线运动——层次三作业

1.ETC是高速公路上不停车电子收费系统的简称。如图，汽车以15m/s的速度行驶，如果过人工收费通道，需要在收费站中心线处减速至0，经过20s缴费后，再加速至15m/s行驶；如果过ETC通道，需要在中心线前方10m处减速至5m/s，匀速到达中心线后，再加速至15m/s行驶。设汽车加速和减速的加速度大小均为$1m/s^2$。

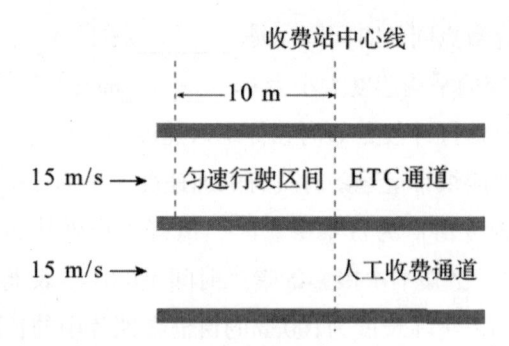

（1）汽车过人工收费通道，从收费前减速开始，到收费后加速结束，总共通过的路程和所需的时间是多少？

（2）如果过ETC通道，汽车通过第（1）问路程所需要的时间是多少？汽车通过ETC通道比人工收费通道节约多长时间？

2.伽利略在《两种新科学的对话》一书中提出猜想：物体沿斜面下滑是一种匀变速直线运动，他认为自然界是简单的，自然界的规律也是简单的，速度应该是均匀变化的。但是速度随时间均匀变还是随位移均匀变？伽利略利用著名的"斜面实验"验证了他的猜想。

某小组依据伽利略描述的实验方案，设计了如图所示的装置，探究物体沿斜面下滑是否做匀变速直线运动。实验操作步骤如下：

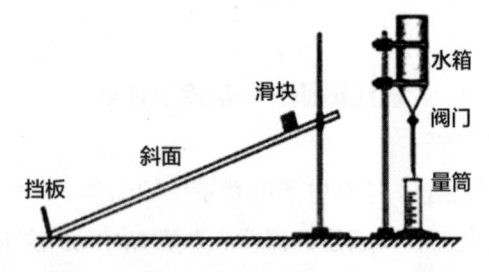

①让滑块从离挡板某一距离 s 处由静止沿某一倾角 θ 的斜面下滑，并同时打开装置中的阀门，使水箱中的水流到量筒中；
②当滑块碰到挡板的同时关闭阀门（假设水流出均匀稳定）；
③记录下量筒收集的水量 v；

④改变滑块起始位置离挡板的距离，重复以上操作；
⑤测得的数据见表格。

实验次数	物体下滑的距离（m）	收集到的水量（ml）
1	4.5	90
2	3.9	84
3	3.0	
4	2.1	62
5	1.5	52
6	0.9	40

（1）该实验利用量筒中收集的水量来表示_____

A.水箱中水的体积　　　　B.水从水箱中流出的速度

C.滑块下滑的时间　　　　D.滑块下滑的位移

（2）小组同学漏填了第3组数据，实验正常，你估计这组水量 $V=$ _____mL；若保持倾角 θ 不变，增大滑块质量，则相同的 s，水量 V 将_____（填"增大""不变"或"减小"）；若保持滑块质量不变，增大倾角 θ，则相同的 s，水量 V 将_____（填"增大""不变"或"减小"）

（3）下面说法中不属于该实验误差来源的是_____

A.水从水箱中流出不够稳定　　　B.滑块开始下滑和开始流水不同步

C.选用的斜面不够光滑　　　　　D.选用了内径较大的量筒

（4）伽利略为什么用斜面研究？伽利略如何利用"斜面实验"检验小球的速度是随时间均匀变化的？

3.伽利略在研究自由落体运动时，猜想自由落体的速度是均匀变化的，他考虑了速度的两种变化：一种是速度随时间均匀变化，另一种是速度随位移均匀变化。

速度随位移均匀变化的运动也确实存在。已知一物体做速度随位移均匀变化的变速直线运动。其速度与位移的关系式为 $v=v_0+kx$（v_0 为初速度，v 为位移为 x 时的速度）。

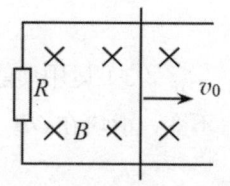

（1）证明：此物体运动的加速度 a 和速度 v 成正比，且比例系数为 k 使。

（2）如图所示，两个光滑的水平金属导轨间距为 L，左侧连接有阻值为 R 的电阻。磁感应强度为 B 的匀强磁场垂直穿过导轨平面。有一质量为 m 的导体棒以初速度向右运动，导体棒始终与导轨接触良好。除左边的电阻 R 外，其他电阻均不计。已知棒的运动是速度随位移均匀变化的运动，即满足关系式 $v=v_0+kx$。求棒向右移动最远的距离。

4.如图所示，足够长的平直轨道 AO 和 OB 底端平滑对接，将它们固定在同一竖直平面内，两轨道与水平地面间的夹角分别为 α（固定不变）和 β（可取不同的值），且 $\alpha>\beta$，现将可视为质点的一小滑块从左侧轨道的 P 点由静止释放，若小滑块经过两轨道的底端连接处的速率没有变化。已知 AO 轨道光滑，空气阻力可以忽略不计。

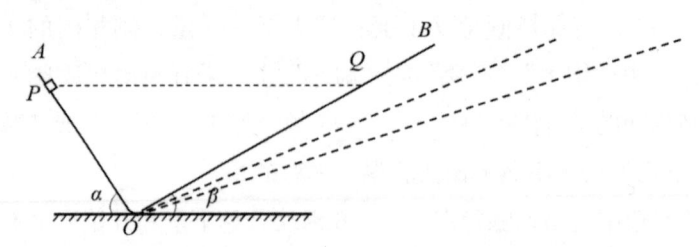

（1）论证：滑块在 AO 轨道下滑时的加速度与滑块的质量无关。

（2）运用牛顿运动定律和运动学规律，论证：若 OB 光滑，取不同的 β 角，滑块在 OB 上能到达的最高点总与 P 等高。

（3）运用动能定理和机械能的相关定义，论证：若 OB 光滑，保持 β 角不变，滑块在 OB 上运动的过程中机械能守恒。

牛顿运动定律——层次一

1.物体在一外力作用下做匀加速直线运动，已知第2s末的速度是6m/s，第3s末的速度是8m/s，物体的质量为2kg，则下列说法中正确的是（   ）

A.物体在零时刻的速度是4m/s　　B.物体受到的合外力为2N

C.第2s内物体的位移为5m　　D.物体与地面的动摩擦因数为0.2

2.消防员用绳子将一不慎落入井中的儿童从井内加速向上提的过程中，不计绳子的重力，以下说法正确的是（   ）

A.绳子对儿童的拉力大于儿童对绳子的拉力

B.绳子对儿童的拉力等于儿童的重力

C.消防员对绳子的拉力与绳子对消防员的拉力是一对作用力与反作用力

D.消防员对绳子的拉力与绳子对儿童的拉力是一对平衡力

3.如图所示，实线记录了一次实验中得到的小车运动的 v-t 图象，为了简化计算，用虚线作近似处理，下列表述正确的是（   ）

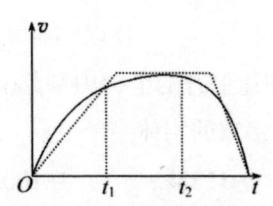

A.小车做曲线运动

B.从虚线上看，小车先做加速运动，再做减速运动

C.在 t_1 时刻虚线反映的加速度比实际小

D.在 $0-t_1$ 的时间内，由虚线计算出的平均速度比实际的小

4.如图所示，斜面小车 M 静止在光滑水平面上，一边紧贴墙壁。若再在斜面上加一物体 m，且 M、m 都静止，此时小车受力个数为（   ）

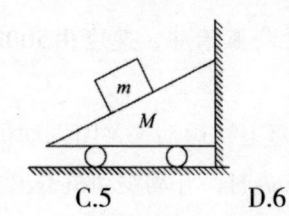

A.3　　　　B.4　　　　C.5　　　　D.6

5.关于速度和加速度的关系，以下说法正确的是　　　　　　　　(　　)

A.物体速度越大，则加速度越大

B.物体速度变化越大，则加速度越大

C.物体速度变化越快，则加速度越大

D.物体加速度的方向，就是物体速度的方向

6.一辆汽车从甲地开往乙地的过程中，前一半路程的平均速度是30km/h，后一半路程内的平均速度是60km/h，则在全程中这辆车的平均速度是

(　　)

A.35km/h　　　B.40km/h　　　C.45km/h　　　D.50km/h

7.汽车匀加速起动6s后紧接着紧急刹车做匀减速运动，2s后停止，则汽车在起动阶段和刹车阶段加速度大小之比为　　　　　　　　　　(　　)

A.1∶3　　　B.3∶1　　　C.6∶1　　　D.无法判别

8.在升降机中挂一个弹簧秤，下吊一个小球，当升降机静止时，弹簧伸长4cm。当升降机运动时弹簧伸长2cm，若弹簧秤质量不计，则升降机的运动情况可能是　　　　　　　　　　　　　　　　　　　(　　)

A.以1m/s^{2}的加速度下降　　　B.以5m/s^{2}的加速度减速上升

C.以1m/s^{2}的加速度加速上升　　　D.以5m/s^{2}的加速度加速下降

9.某同学可以在以$g/4$加速上升的电梯内举起60kg的物体，那他在以$g/4$加速下降的电梯内可举起最多多重的物体　　　　　　　(　　)

A.60kg　　　B.75kg　　　C.85kg　　　D.100kg

10.为训练宇航员，需要创造失重环境。在地球表面附近，可以在飞行器的座舱内短时间地完成失重。设某一飞机可做多种模拟飞行，令飞机于速率500m/s时进入试验状态，而速率为1000m/s时退出试验，则可以实现试验目的且有效训练时间最长的飞行是　　　　　　　　　(　　)

A.飞机在水平面内做变速圆周运动，速度由500m/s增加到1000m/s

B.飞机在竖直面内沿圆弧俯冲，速度由500m/s增加到1000m/s（在最低点）

C.飞机以500m/s作竖直上抛运动（关闭发动机），当它竖直下落速度增加到1000m/s时，开动发动机退出实验状态

D.飞机以500m/s沿某一方向作斜抛或平抛运动（关闭发动机），当速度达到1000m/s时开动发动机退出实验状态

11.在静止的小车内用细绳 A 和 B 系住一小球。绳 A 与竖直方向成 θ 角，拉力为 T_A，绳 B 成水平状态，拉力为 T_B。现让小车从静止开始向右做匀加速直线运动。此时小球在车内的位置仍保持不变（角 θ 不变）。则两根细绳的拉力变化情况是 （　　）

A.T_A变大，T_B不变　　　　B.T_A变大，T_B变小

C.T_A变大，T_B变大　　　　D.T_A不变，T_B变小

牛顿运动定律——层次二

1.将两个质量均为 m 的小球 a、b 用细线相连后，再用细线悬挂于 O 点。用力 F 拉小球 b，使两个小球都处于静止状态，且细线 Oa 与竖直方向的夹角保持 $\theta=30°$，则 F 的最小值为 （　　）

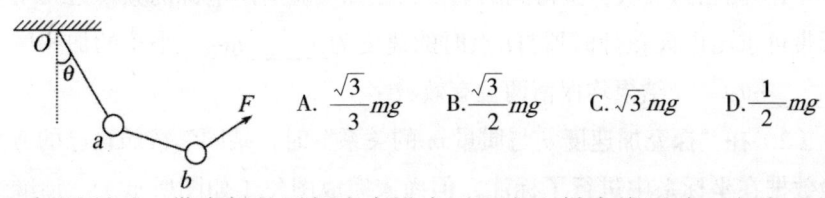

A.$\dfrac{\sqrt{3}}{3}mg$　　B.$\dfrac{\sqrt{3}}{2}mg$　　C.$\sqrt{3}mg$　　D.$\dfrac{1}{2}mg$

2.如图所示，带支架的平板小车沿水平面向左做直线运动，小球 A 用细线悬挂于支架前端，质量为 m 的物块 B 始终相对于小车静止地摆放在右端。B 与小车平板间的动摩擦因数为 μ。若观察到细线偏离竖直方向 θ 角，则此刻小车对物块 B 产生的作用力的大小和方向为 （　　）

A.$mg\sqrt{1+\tan^2\theta}$，斜向右上方

B.$mg\sqrt{1+\mu^2}$，斜向左上方

C.$mg\tan\theta$，水平向右

D.mg，竖直向上

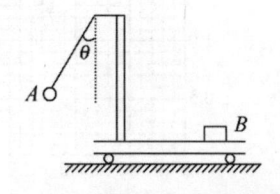

3.如图所示，在粗糙水平地面上放着一个截面为四分之一圆弧的柱状物体 A，A 的左端紧靠竖直墙，A 与竖直墙之间放一光滑圆球 B，整个装置处于静止状态，若把 A 向右移动少许后，它们仍处于静止状态.则下列判断中正确的

是 (　　)

A.球 B 对墙的压力增大

B.球 B 对柱状物体 A 的压力增大

C.地面对柱状物体 A 的摩擦力不变

D.地面对柱状物体 A 的支持力不变

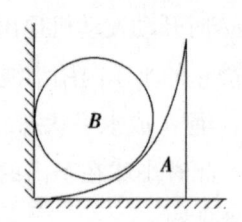

4.某组同学设计了"探究加速度 a 与物体所受合力 F 及质量 m 的关系"实验。图甲为实验装置简图，A 为小车，B 为电火花计时器，C 为装有细砂的小桶，D 为一端带有定滑轮的长方形木板，实验中认为细绳对小车的拉力 F 等于细砂和小桶的总重量，小车运动的加速度 a 可用纸带上打出的点求得。

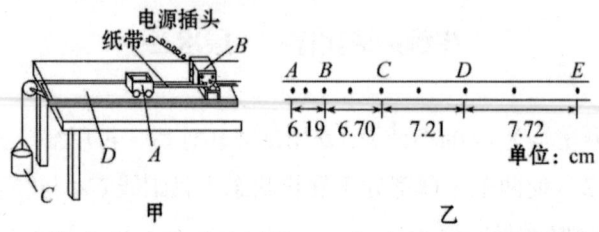

（1）图乙为某次实验得到的纸带，已知实验所用电源的频率为 50Hz。根据纸带可求出电火花计时器打 B 点时的速度为_____m/s，小车的加速度大小为_____m/s²。（结果均保留两位有效数字）

（2）在"探究加速度 a 与质量 m 的关系"时，某同学按照自己的方案将实验数据在坐标系中进行了标注，但尚未完成图象（如图所示）。请继续帮助该同学作出坐标系中的图象。

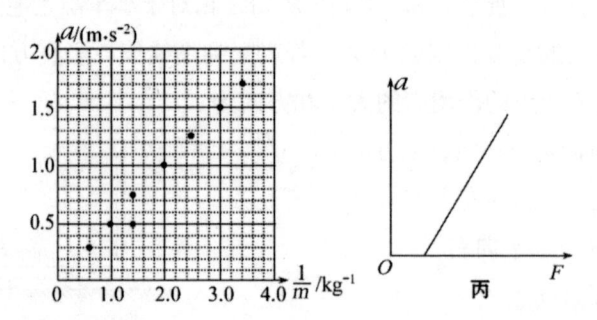

（3）在"探究加速度 a 与合力 F 的关系"时，该同学根据实验数据作出了加速度 a 与合力 F 的图线如图丙，该图线不通过坐标原点，试分析图线不通过坐标原点的原因。_____。

5.如图所示，质量为m_1=5kg的滑块，置于一粗糙的斜面上，用一平行于斜面的大小为30N的力 F 推滑块，滑块沿斜面向上匀速运动，斜面体质量m_2=10kg，且始终静止，g 取10m/s²，求：

（1）斜面对滑块的摩擦力。

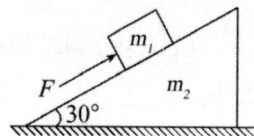

（2）地面对斜面体的摩擦力和支持力。

6.如图所示，一质量为m_B=2kg的木板B静止在光滑的水平面上，其右端上表面紧靠一固定斜面轨道的底端（斜面底端与木板 B 右端的上表面之间由一段小圆弧平滑连接），轨道与水平面的夹角θ =37°。一质量也为 m_A=2kg的物块A由斜面轨道上距轨道底端 x_0=8m处静止释放，物块 A 刚好没有从木板 B 的左端滑出。已知物块 A 与斜面轨道间的动摩擦因数为μ_1=0.25，与木板 B 上表面间的动摩擦因数为μ_2=0.2，$\sin\theta$ =0.6，$\cos\theta$ =0.8，g 取10m/s²，物块 A 可看作质点。请问：

（1）物块 A 刚滑上木板 B 时的速度为多大？

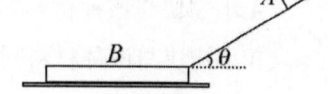

（2）物块 A 从刚滑上木板 B 到相对木板 B 静止共经历了多长时间？木板 B 有多长？

7.一长木板在水平地面上运动，在 t=0时刻将一相对于地面静止的物块轻放到木板上以后木板运动的速度—时间图象如图所示。已知物块与木板的质量相等，物块与木板间及木板与地面间均有摩擦。物块与木板间的最大静摩擦力等于滑动摩擦力，且物块始终在木板上。取重力加速度的大小g=10m/s²，求：

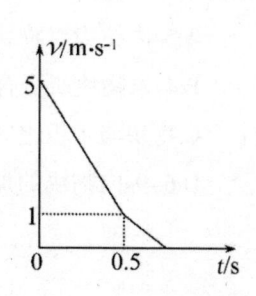

（1）物块与木板间、木板与地面间的动摩擦因数；

（2）从 $t=0$ 时刻到物块与木板均停止运动时，物块相对于木板的位移的大小。

牛顿运动定律——层次三

1.如图甲所示，用同种材料制成的倾角为30°的斜面和长水平面，斜面和水平面之间由光滑圆弧连接，斜面长为2.4m且固定。一小物块从斜面顶端以沿斜面向下的初速度 v_0 开始自由下滑。当 $v_0=2$m/s时，经过0.8s后小物块停在斜面上。多次改变 v_0 的大小，记录下小物块从开始运动到最终停下的时间 t，作出 $t-v_0$ 图象如图乙所示，g 取10m/s²，则（　　）

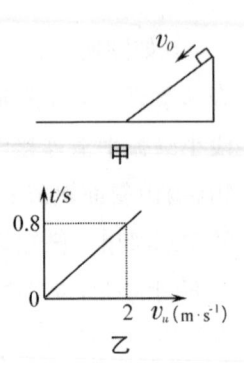

A.小物块与该种材料间的动摩擦因数为0.25

B.小物块与该种材料间的动摩擦因数为 $\frac{\sqrt{3}}{2}$

C.若小物块初速度为1m/s，则根据图象可知小物块运动时间为0.4s

D.若小物块初速度为4m/s，则根据图象可知小物块运动时间为1.6s

2.如图所示，水平木板上有质量 $m=1.0$kg的物块，受到随时间 t 变化的水平拉力 F 作用，用力传感器测出相应时刻物块所受摩擦力 F_f 的大小。取重力加速度 $g=10$m/s²。正确的是（　　）

A.5s内拉力对物块做功为零

B.4s末物块所受合力大小为4.0N

C.物块与木板之间的动摩擦因数为0.4

D.6~9s内物块的加速度大小为2.0m/s²

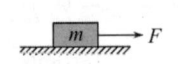

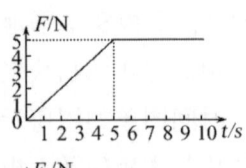

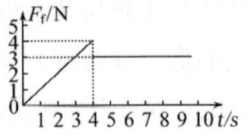

3.三个物体的质量分别为m_1、m_2、m_3，系统置于光滑水平面上，系统内一切摩擦不计，绳重力不计，要求三个物体无相对运动，则水平推力F（　　）

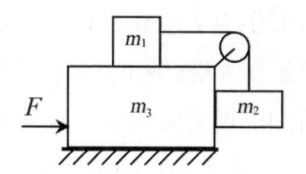

A.等于m_2g　　　　　　　　B.等于$(m_1+m_2+m_3)\frac{m_1}{m_2}g$

C.等于$(m_2+m_3)\frac{m_2}{m_1}g$　　D.等于$(m_1+m_2+m_3)\frac{m_2}{m_1}g$

4.两个物体A和B相接触放在粗糙的斜面上加速下滑时，下面对A、B之间相互作用力的分析中，正确的是（　　）

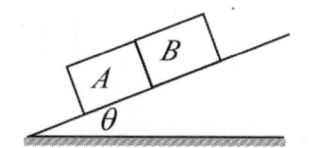

A.当$m_B>m_A$时，A、B之间有相互作用力；当$m_B \leq m_A$时，A、B之间无相互作用力

B.设两物体与斜面的动摩擦因数分别为μ_A、μ_B，当$\mu_A>\mu_B$时，A、B之间有相互作用力；当$\mu_A \leq \mu_B$时，A、B之间没有相互作用力

C.设A、B与斜面摩擦力分别为f_A、f_B，当$f_A>f_B$时，A、B间有相互作用力；当$f_A \leq f_B$时，A、B之间没有相互作用力

D.A、B间是否有相互作用力跟斜面倾角θ无关

5.起跳摸高是学生常进行的一项活动。某中学生身高1.80m，质量70kg。他站立举臂，手指摸到的高度为2.10m。在一次摸高测试中，如果他先蹲下，再用力蹬地向上跳起，同时举臂，离地后手指摸到的高度为2.55m。设他从蹬地到离开地面所用的时间为0.70s。不计空气阻力，取$g=10m/s^2$。

（1）他跳起刚离地时的速度大小。

（2）上跳过程中他对地面平均压力的大小。

6.在光滑水平面上有一质量$m=1.0\times 10^{-3}$kg，电量$q=1.0\times 10^{-10}$C的带正电小球，静止在O点，以O点为原点，在该水平面内建立直角坐标系Oxy，现突然加一沿x轴正方向、场强大小为$E=2.0\times 10^6$V/m的匀强电场，使小球开始运动，经过1.0s，所加电场突然变为沿y轴正方向，场强大小仍为$E=2.0\times 10^6$V/m的匀强电场，再经过1.0s所加电场又突然变为另一个匀强电场。使小球在此电场作用下经1.0s速度变为0。求速度为0时小球的位置。

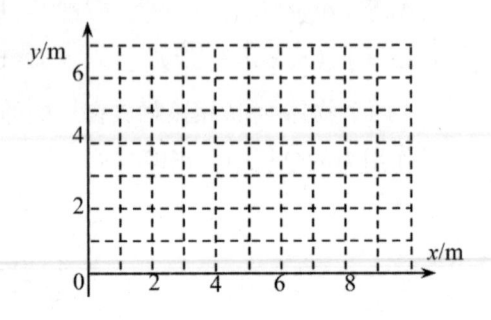

7.光滑水平面上静置一滑块，其质量$m=0.5$kg，从$t=0$时刻开始，滑块受到水平力F的作用，F的大小保持1N不变，此力方向先向北作用1s；然后改为向东方向作用1s；然后改为向南方向作用1s；然后改为向西方向作用1s；以出发点为原点，向东方向为X轴正方向，向北方向为Y轴正方向，建立直角坐标系。则滑块

　　1s末的位置坐标为（　　，　　）速度大小＿＿速度方向＿＿＿＿。
　　2s末的位置坐标为（　　，　　）速度大小＿＿速度方向＿＿＿＿。
　　3s末的位置坐标为（　　，　　）速度大小＿＿速度方向＿＿＿＿。
　　4s末的位置坐标为（　　，　　）速度大小＿＿。

8.在光滑水平面上固定三个等质量的带电小球（均可视为质点），A、B、C三球排成一直线。若释放A球（另两球仍固定）的瞬时，A球的加速度大小为1m/s^2，方向向左；若释放C球（另两球仍固定）的瞬时，C球的加速度大小为2m/s^2，方向向右；则释放B的瞬时，B球的加速度大小为＿＿＿＿m/s^2，方向向＿＿＿＿。

9.底座A上装有一根直立长杆,其总质量为M,杆上套有质量为m的环B,它与杆有摩擦,当环从底座以初速向上飞起时(底座保持静止),环的加速度为a,求环在升起和下落的过程中,底座对水平面的压力分别是多大?

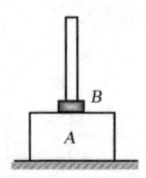

10.质量为M的木板放在倾角为θ的光滑斜面上,质量为m的人在木板上跑,假如脚与板接触处不打滑。

(1)要保持木板相对斜面静止,人应以多大的加速度朝什么方向跑动?

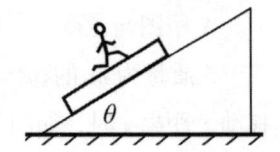

(2)要保持人相对于斜面的位置不变,人在原地跑而使木板以多大的加速度朝什么方向运动?

机械能守恒定律——层次一

1.下列关于做功的说法中正确的是 ( )
A.凡是受力作用的物体,一定有力对物体做功
B.凡是发生了位移的物体,一定有力对物体做功
C.只要物体受力的同时又有位移发生,则一定有力对物体做功
D.只要物体受力,又在力的方向上发生位移,则力一定对物体做功

2.关于力、位移和功三个物理量,下列说法正确的是 ( )
A.力、位移和功都是矢量　　　　B.力是矢量,位移和功是标量
C.力和位移是矢量,功是标量　　　D.位移是矢量,力和功是标量

3.质量不同的两物体,分别置于粗糙和光滑的水平面上,在相同的水平拉力作用下,沿水平方向移动相同位移,若两种情况下拉力做功分别为W_1和W_2,则 ( )
A.$W_1>W_2$　　B.$W_1=W_2$　　C.$W_1<W_2$　　D.无法确定

4.如图所示,物体在力F的作用下沿水平面移动了一段位移L,甲、乙、丙、丁四种情况下,力F和位移L的大小以及θ角均相同,则力F做功相同

的是 （   ）

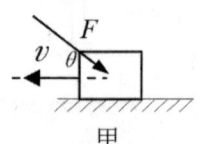

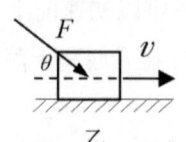

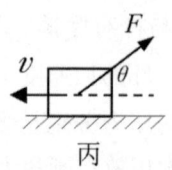

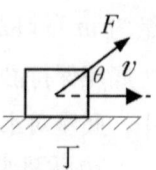

甲　　　　　乙　　　　　丙　　　　　丁

A.甲图与乙图　　B.乙图与丙图　　C.丙图与丁图　　D.乙图与丁图

5.质量为 m 的物体静止在倾角为 θ 的斜面上，当斜面沿水平方向向右匀速移动了距离 x 时，如图所示，物体 m 相对斜面静止，则下列正确的是（   ）

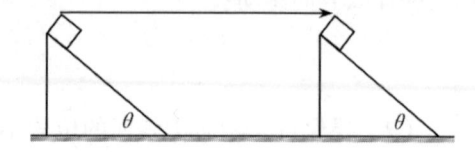

A.摩擦力对物体 m 做功为零

B.重力对物体 m 做功为零

C.摩擦力对物体 m 做负功

D.弹力对物体 m 做正功

6.从地面竖直上抛一质量为0.1kg的球，若不计空气阻力，球经2s落回地面，则整个过程中重力做的功为 （   ）

A.5J　　　　B.0　　　　C.10J　　　　D.20J

7.如图所示，三个斜面高度相同，倾角分30°、45°、60°，让同一个滑块分别从三个斜面的顶端沿斜面滑到底端，重力对滑块做的功分别为 W_1、W_2、W_3，则正确的是 （   ）

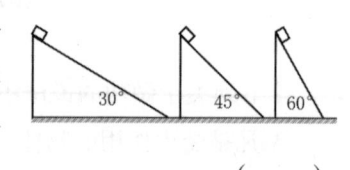

A.$W_1<W_2<W_3$　　B.$W_1=W_2>W_3$　　C.$W_1=W_2=W_3$　　D.无法确定

8.如图所示，两个同学都从地面登上阶梯顶端 A 处。女同学沿台阶走上去，克服重力做功为 W_1；男同学从直梯攀爬上去，克服重力做功为 W_2。如果两人的体重相同，则 （   ）

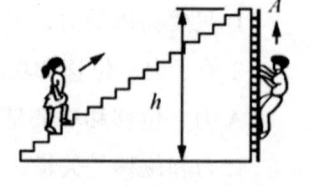

A.$W_1=W_2$　　B.$W_1>W_2$　　C.$W_1<W_2$　　D.无法确定

9.质量为2kg的小铁球从某一高度由静止释放，经3s到达地面，不计空气阻力，$g=10m/s^2$，则 （   ）

A.落地前1s内重力做功与第1s内重力做功相等

B.落地前1s内重力做功比第1s内重力做功少

C.第2s末重力的功率为400W

D.前2s内重力的功率为200W

10.AC、AD、AE是具有相同高度的光滑斜面，质点由A从静止开始，分别沿不同的路径到达地面，则 （　　）

A.下滑所用的时间都相同

B.下滑过程中，重力对质点做的功都相同

C.下滑过程中，重力做功的平均功率都相同

D.到达地面时，质点的速度大小都相同

E.质点在B、C、D、E时重力的即时功率都相同

11.关于重力势能，下列说法中正确的是 （　　）

A.物体的位置一旦确定，它的重力势能的大小也随之确定

B.物体与零势能面的距离越大，它的重力势能也越大

C.一个物体的重力势能从-5J变化到-3J，重力势能变小了

D.重力势能的减少量等于重力对物体做的功

12.下列关于重力势能的说法中正确的是 （　　）

A.重力势能的大小与参考平面的选择无关

B.重力势能有负值，重力势能是矢量

C.重力不做功，物体就不具有重力势能

D.重力做正功时，重力势能一定减少

13.水平地面上的物块，在水平恒力F的作用下由静止开始运动一段距离S，物块所受摩擦力的大小为f，则物块在该过程中动能的增加量为 （　　）

A.FS　　　　B.fS　　　　C.$(F-f)S$　　　　D.$(F+f)S$

14.放在光滑水平面上的物体，仅在两个同向水平力的共同作用下开始运动，若这两个力分别做了6J和8J的功，则该物体的动能增加了 （　　）

A.48J　　　　B.14J　　　　C.10J　　　　D.2J

15.忽略空气阻力，下列物体运动过程中满足机械能守恒的是 （　　）

A.电梯匀速下降　　　　　　B.物体由光滑斜面顶端滑到斜面底端

C.物体沿着粗糙斜面匀速下滑　　D.拉着物体沿光滑斜面匀速上升

16.下列物体在运动过程中，机械能守恒的有 （　　）

A.电梯加速上升的过程　　　B.抛出的铅球在空中运动的过程

C.从树上下落的树叶　　　　D.在真空管中自由下落的羽毛

17.一质量为 m=2kg的物体静止在粗糙水平面上，与水平面间的滑动摩擦因素 μ=0.1，现对物体放加一水平拉力 F=4N作用，使物体前进 L=4m后撤去拉力 F，求物体能继续前进多远。

18.一个质量为 m=5kg的铅球从 H=5m高处自由下落，落到软泥地里陷进的深度为 h=0.2m，求软泥地对铅球的平均阻力。

19.民用航空客机的机舱，除了有正常的舱门和舷梯连接，供旅客上下飞机，一般还有紧急出口。发生意外情况的飞机在着陆后，打开紧急出口的舱门，会自动生成一个由气囊构成的斜面，机舱中的人可以沿该斜面滑行到地面上来，如图所示。某机舱离气囊底端的竖直高度 AB=3.0m，气囊构成的斜面长 AC=5.0m，CD段为与斜面平滑连接的水平地面。一个质量 m=60kg的人从气囊上由静止开始滑下，人与气囊、地面间的动摩擦因数均为 μ=0.5。不计空气阻力。

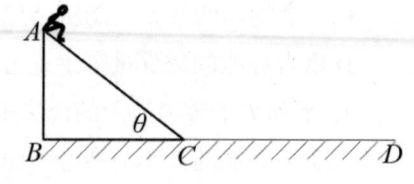

（1）人滑到斜坡底端时的速度大小。

（2）人离开 C 后还要在地面上滑行多远才能停下。

机械能守恒定律——层次二

1.水平面上，一物体在水平力 F 作用下运动，F 随时间 t 变化的图象及物体运动的 $v-t$ 图象如图。则10s内 （　　）

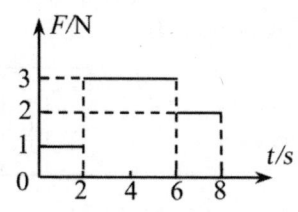

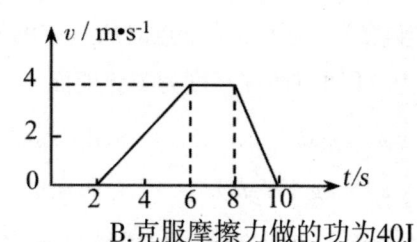

A.水平力 F 做的功为40J　　　　　　B.克服摩擦力做的功为40J
C.摩擦力做的功为-40J　　　　　　　D.合力功为0

2.一物体放在水平面上，它的俯视图如图所示，两个相互垂直的力 F_1 和 F_2 同时作用在物体上，使物体沿图中 v_0 的方向做直线运动。经过一段位移的过程中，力 F_1 和 F_2 对物体所做的功分别为3J和4J。则两个力的合力对物体所做的功为 （　　）

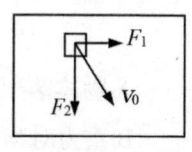

A.3J　　　　B.4J　　　　C.5J　　　　D.7J

3.从距地面相同高度处，水平抛出两个质量相同的球 A 和 B，抛出 A 球的初速为 v_0，抛出B球的初速为 $2v_0$，则两球运动到落地的过程中 （　　）

A.重力的平均功率相同，落地时重力的即时功率相同
B.重力的平均功率相同，落地时重力的即时功率不同
C.重力的平均功率不同，落地时重力的即时功率相同
D.重力的平均功率不同，落地时重力的即时功率不同

4.木块 m 沿着倾角为 θ 的光滑斜面从静止开始下滑，当下降的高度为 h 时，重力的瞬时功率为 （　　）

A.$mg\sqrt{2gh}$　　B.$mg\cos\theta\sqrt{2gh}$　　C.$mg\sin\theta\sqrt{gh/2}$　　D.$mg\sin\theta\sqrt{2gh}$

5.一根弹簧的弹力（F）-伸长量（x）图线如图所示，那么弹簧由伸长量4cm到伸长量8cm的过程中，弹力做功和弹性势能的变化量为 （　　）

A.3.6J，-3.6J　　　B.-3.6J，3.6J
C.1.8J，-1.8J　　　D.-1.8J，1.8J

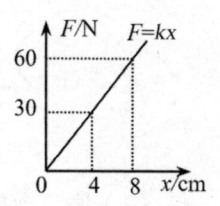

6.质量为 m 的小球,从离桌面 H 高处由静止自由落下,桌面离地面高为 h,设桌面处的重力势能为零,则小球落地时的机械能为 (　　)

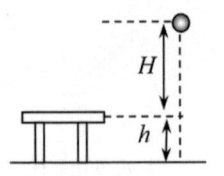

A.mgH　　B.mgh　　C.$mg(H+h)$　　D.$mg(H-h)$

7.质量为 m 的物体以水平速度 v_0 离开桌面,桌面离地高 H,当它经过高为 h 的 A 点时所具有的机械能是(不计空气阻力,以 A 点所在高度为零势能面) (　　)

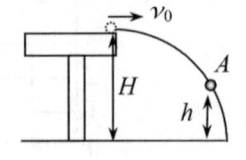

A.$\frac{1}{2}mv_0^2+mgh$　　　　B.$\frac{1}{2}mv_0^2-mgh$

C.$\frac{1}{2}mv_0^2+mg(H-h)$　　D.$\frac{1}{2}mv_0^2$

8.在地面上以速度 v_0 抛出质量为 m 的物体,抛出后物体落到比地面低 h 的海平面上。若以地面为零势能面而且不计空气阻力,则以下说法正确的是 (　　)

A.物体落到海平面时的势能为 mgh

B.重力对物体做功为 mgh

C.物体在海平面上的动能为 $\frac{1}{2}mv_0^2-mgh$

D.物体在海平面上的机械能为 $\frac{1}{2}mv_0^2$

9.一个人站在阳台上,以相同的速率分别将三个小球竖直上抛、竖直下抛、水平抛出,抛出点相同且在阳台外,不计空气阻力,则三个球落地时的速率 (　　)

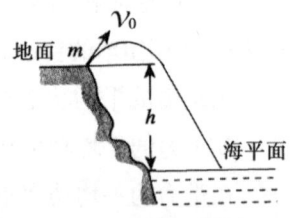

A.上抛球最大　　B.下抛球最大　　C.平抛球最大　　D.三个球一样大

10.在用落体法验证机械能守恒定律时,某同学按照正确的操作选得纸带如下图。其中 O 是起始点,A、B、C 是打点计时器连续打下的3个点。该同学用毫米刻度尺测量 O 到 A、B、C 各点的距离,并记录在图中(单位cm)。

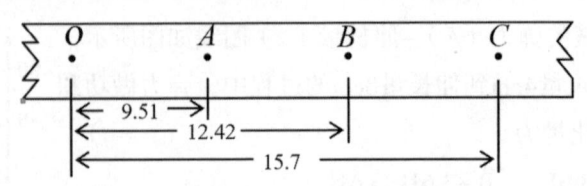

(1)这三个数据中不符合有效数字读数要求的是____,应记作____cm。

（2）该同学用重锤在OB段的运动来验证机械能守恒，已知当地的重力加速度 $g=9.80m/s^2$，他用AC段的平均速度作为跟B点对应的物体的即时速度，则该段重锤重力势能的减少量为____，而动能的增加量为____，（均保留3位有效数字，重锤质量为1kg）。这样验证的系统误差总是使重力势能的减少量____动能的增加量，原因是_____。

（3）另一位同学根据同一条纸带，同一组数据，也用重锤在OB段的运动来验证机械能守恒，不过他数了一下：从打点计时器打下的第一个点O数起，图中的B是打点计时器打下的第9个点。因此他用 $v_B=gt$ 计算跟B点对应的物体的即时速度，得到动能的增加量为____，这样验证时的系统误差总是使重力势能的减少量____动能的增加量，原因是_____。

（4）同组另一位同学在纸带上选取多个计数点，测量它们到起始点O的距离h，计算对应计数点的重物速度v，描绘 v^2–h 图像，并作出判断：若图像是一条过原点的直线，则重物下落过程中机械能守恒。请你分析论证该同学的判断依据是否正确。

机械能守恒定律——层次三

1.风能成为21世纪大规模开发的一种可再生清洁能源。风力发电机是将风能（气流的动能）转化为电能的装置。其主要部件包括风轮机、齿轮箱、发电机等，如图所示。风轮机叶片旋转所扫过的面积为风力发电机可接受风能的面积。设空气密度为 ρ，气流速度为 v，风轮机叶片长度为 r。求单位时间内流向风轮机的最大风能 P_m；在风速和叶片数确定的情况下，要提高风轮机单位时间接受的风能，简述可采取的措施。

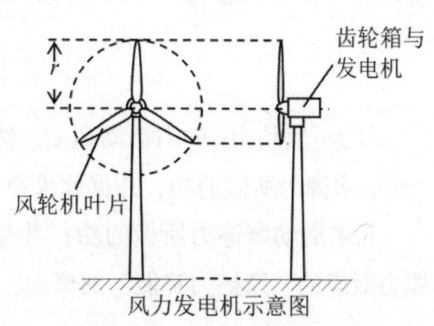

2.跳绳是一种健身运动，设运动员的质量为50kg，他每分钟跳绳180次，假定在每次跳跃中，脚与地面接触时间为跳跃一次所需时间的2/5，则该运动员跳绳时克服重力做功的平均功率是多少。

3.人的心脏每跳一次大约输送$8×10^{-5}m^3$的血液，正常人的血压（可看作心脏压送血液的压强）的平均值约为$1.5×10^4Pa$，心跳每分钟70次，据此估测心脏工作的平均功率为多少。心脏每天消耗的能量大致为多少。

4.一个小球自10m高的地方由静止开始落下，小球在下落的过程始终受到大小恒定的空气阻力作用，已知空气阻力为小球重力的0.1倍，小球与地面碰撞时不损失能量，原速弹回，求当小球静止下来时通过的总距离。

5.如图所示，弹簧的一端固定，另一端连接一个物块，弹簧质量不计。物块（可视为质点）的质量为m，在水平桌面上沿x轴运动，与桌面间的动摩擦因数为μ。以弹簧原长时物块的位置为坐标原点O，当弹簧的伸长量为x时，物块所受弹簧弹力大小为$F=kx$，k为常量。

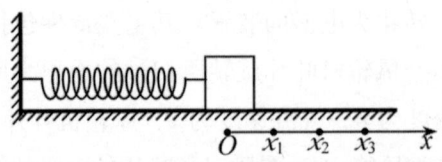

（1）请画出F随X变化的示意图；并根据$F-X$图像求物块沿X轴从O点运动到位置X的过程中弹力所做的功。

（2）物块由x_1向右运动到x_3，然后由x_1返回到x_2，在这个过程中，
a.求弹力所做的功，并据此求弹性势能的变化量。
b.求滑动摩擦力所做的功；并与弹力做功比较，说明为什么不存在与摩擦力对应的"摩擦力势能"的概念。

6.在质量不计、长度为L的直杆一端和中点分别固定一个质量都是m的小球A和B，试判断当杆从水平位置无摩擦地转到竖直位置时，A、B球的速度。

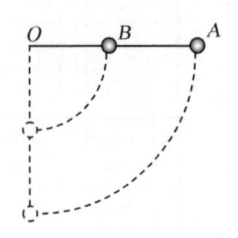

线框在电磁感应中的分层针对练习

【基础训练】

1.如图所示，一正方形金属框边长$l=0.1$m，每条边的电阻$r=0.1\Omega$，金属框以$v=1.0$m/s的速度匀速穿过矩形匀强磁场区域$MNPQ$，其平面始终保持与磁场方向垂直，且cd边始终平行于磁场边界MN。已知金属框的边长小于MN的长度，磁场宽度$L=0.3$m，磁感应强度$B=0.2$T。

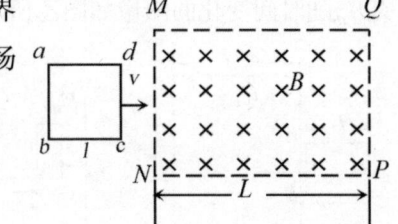

（1）请画出线框在穿过磁场的过程中，关键的位置图。

（2）请说出感应电流的产生情况，取逆时针方向为正方向，请通过计算分析，在图1中画出金属框穿过磁场区域的过程中，金属框内感应电流I随时间t变化的图线。

（3）请说出充当电源的部分，通过计算分析，在图2中画出ab两端电压U_{ab}随时间t变化的图线。

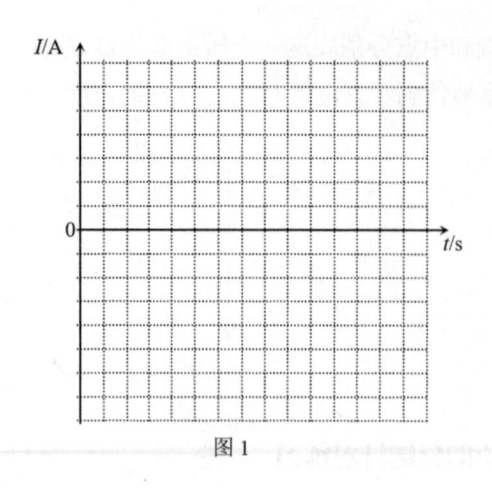

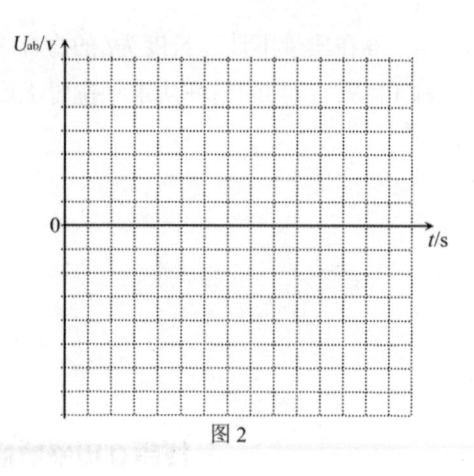

【对应练习】

1.如图甲所示，由粗细均匀的电阻丝制成的边长为 L 的正方形金属框向右匀速运动，穿过方向垂直金属框平面向里的有界匀强磁场，磁场宽度 $d=2L$。从 ab 边刚进入磁场到金属框全部穿出磁场的过程中，ab 两点间的电势差 U_{ab} 随时间变化的图像如图乙所示，其中正确的是

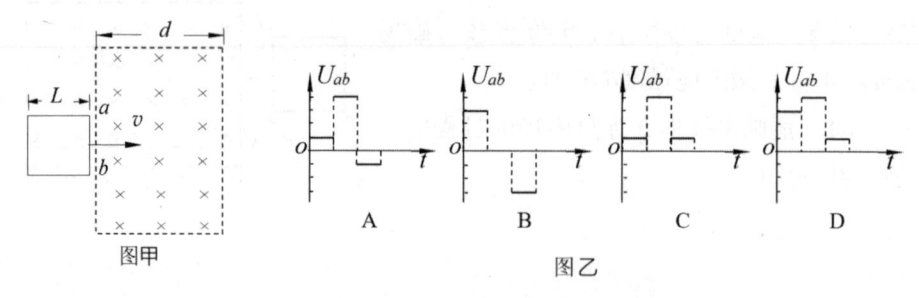

2.如图甲，空间有一宽为 $2L$ 的匀强磁场区域，磁感应强度为 B，方向垂直纸面向外。$abcd$ 是由均匀电阻丝做成的边长为 L 的正方形线框，总电阻值为 R。线框以垂直磁场边界的速度 v 匀速通过磁场区域。在运动过程中，线框 ab、cd 两边始终与磁场边界平行。设线框刚进入磁场的位置 $x=0$，x 轴沿水平方向向右。求：

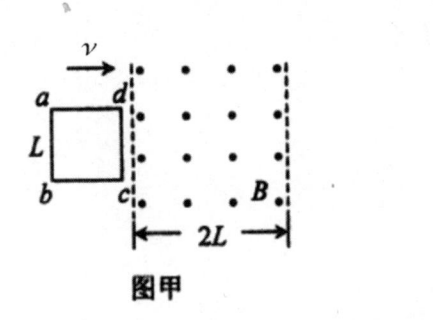

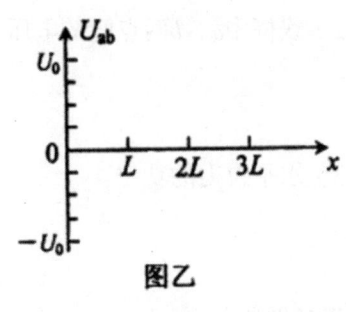

（1）cd边刚进入磁场时，ab两端的电势差，并指明哪端电势高。

（2）线框穿过磁场的过程中，线框中产生的焦耳热。

（3）在下面的乙图中，画出ab两端电势差U_{ab}随距离变化的图象。其中$U_0=BLv$。

（4）画出线框中电流图像（顺时针为正），线框受力图像（向左为正）。

3.如图所示，在光滑水平面上有一长为$L=0.5$m的单匝正方形闭合导体线框abcd，处于磁感应强度为$B=0.4$T的有界匀强磁场中，其ab边与磁场的边界重合。线框由同种粗细均匀、电阻为$R=2\Omega$的导线制成。现用垂直于线框ab边的水平拉力，将线框以速度$v=5$m/s向右沿水平方向匀速拉出磁场，此过程中保持线框平面与磁感线垂直，且ab边与磁场边界平行。求线框被拉出磁场的过程中：

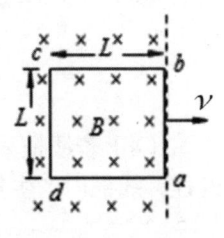

（1）通过线框的电流大小及方向。

（2）线框中a、b两点间的电压大小。

（3）水平拉力的功率。

【提升训练】

1.如图，方向垂直于纸面的匀强磁场上方有一正方形金属线框，质量为m，边长为L，每边电阻都为R，已知磁场的磁感应强度为B，磁场区域的高度为d，d>L，线框从静止下落，ab边刚进入磁场时恰好开始匀速运动.设重力加速度为g。求：

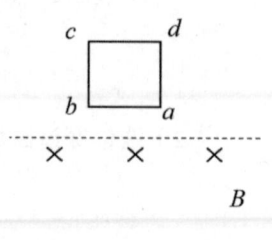

（1）画出关键位置图，根据受力进而分析不同过程的运动情况。

（2）线框有一半进入磁场时，克服安培力做功功率P。

（3）cd边刚进入磁场时，ab两端电势差U_{ab}。

（4）若线框cd边即将离开磁场时，加速度大小为$\frac{1}{4}g$，则线框穿出磁场过程，线框内产生焦耳热Q。

2.如图所示，空间有Ⅰ和Ⅱ两个有理想边界、宽度都为L的匀强磁场区域，磁感应强度大小均为B，方向如图所示。abcd是由均匀电阻丝做成的边长为L的正方形线框，每边电阻均为R。线框以垂直磁场边界的速度v水平向右匀速穿过两磁场区域。线框平面与磁感线垂直，且bc边始终与磁场边界平行。设线框刚进入Ⅰ区的位置x=0，x轴沿水平方向向右，从bc边刚进入Ⅰ区到ad边离开Ⅱ区的过程中，ab两端电势差U_{ab}随距离变化的图象正确的是（图中$U_0=BLV$）

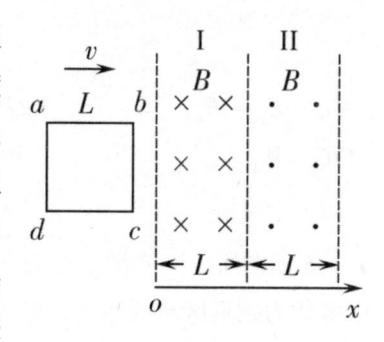

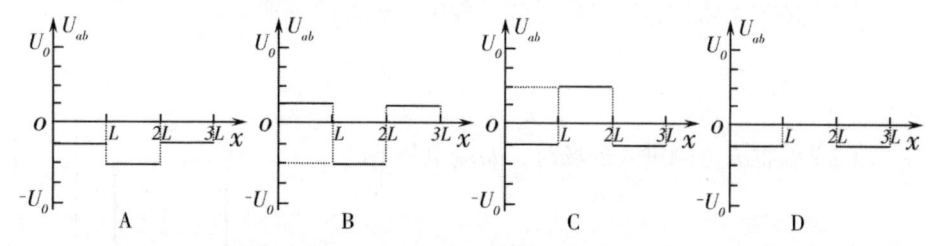

3.有一矩形线圈在竖直平面内，从静止开始下落，磁场水平且垂直于线圈平面，当线圈的下边进入磁场，而上边未进入匀强磁场的过程中，由于下落高度的不同，线圈的运动状态可能是（设线圈一直在竖直平面内运动，且没有发生转动）

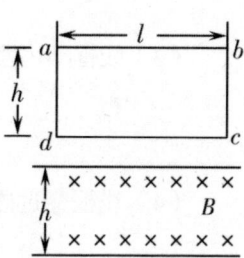

A.一直匀速下落 B.匀减速下落
C.加速度减小的加速运动 D.加速度减小的减速运动

4.电阻为R的矩形导线框abcd，边长ab=l，ad=h，质量为m，自某一高度自由落下，通过一匀强磁场，磁场方向垂直纸面向里，磁场区域的宽度为。若线框恰好以恒定速度通过磁场，线框中产生的焦耳热是_____（不考虑空气阻力）。

5.如图所示，矩形线圈长为L，宽为h，电阻为R，质量为m，在空气中竖直下落一段距离后（空气阻力不计），进入一宽为h，磁感强度为B的匀强磁场中，线圈进入磁场时的动能为E_{K1}，穿出磁场时的动能为E_{K2}，这一过程中产生的焦耳热为Q，线圈克服磁场力做的功为W_1，重力做的功为W_2，线圈重力势能的减少量为ΔE_P，则以下关系中正确的是（　　）

A.$Q=E_{K1}-E_{K2}$　　　　B.$Q=W_2-W_1$
C.$Q=W_1$　　　　　　　　D.$W_2=W_1+E_{K2}-E_{K1}$

6.如图所示，光滑水平面上有竖直向下的匀强磁场，磁感应强度为B，图中虚线为磁场区域的边界，磁场宽度为d。一正方形线框沿水平面从磁场外向右匀速穿过磁场，已知线框边长为L（$d<L$），线框匀速运动的速度为v，线框每边电阻都为R，求：

（1）请画出线框在穿过磁场的过程中，关键的位置图。

（2）线框da边刚进入磁场时，da端电势差U_{da}。

（3）线框cb边刚进入磁场时，da两端电势差U_{da}。

（4）线框穿过磁场过程，产生的焦耳热Q。

（5）画出线框穿过磁场过程，水平拉力F随时间t变化的图象？（以ad边刚进入磁场时为计时起点，水平向右为正方向）

第四节　渗透于课堂评价体系中

依据作业新理念，作业是贯穿于整个教学过程的学习活动，因此教学设计过程中的作业设计就尤为重要。为此，高中部将作业设计的要求明确提出在讲评课、常规课的教学设计与课堂教学评价标准中。

在《北京九中讲评课（常规课）教学设计评价标准》中，作业设计24分，具体见下表：

项目	评分标准	等级评分			得分
作业设计（24分）	14. 学生明确作业的目的与学习意义	6–5	4–3	2–1	——
	15. 体现学习指导	6–5	4–3	2–1	——
	16. 能够起到教学的"补偿作用"，追加巩固教学内容	6–5	4–3	2–1	——
	17. 具有选择性	6–5	4–3	2–1	——

《北京九中讲评课课堂教学评价标准》中，作业评价10分。

项目		等级评分				得分
作业设计（10分）	6. 作业布置明确，有本节课的补偿措施	10–9	8–7	6–5	4–1	

微写作实战训练

【评价分类】

一类卷8–10分

二类卷5–7分

三类卷1–4分

从下面三个题目中任选一题，按要求作答。180字左右。

题一

很多小说都有精彩的环境描写并在烘托气氛、塑造人物等方面起着重要作用。请从《红楼梦》《红岩》《老人与海》的典型环境中选择一处环境描写加以描述并做简要点评。要求：符合原著内容，条理清晰。

【解题】

一言以蔽之：描述环境（自然或社会）+分析作用（赏析好处）。

自然环境，指自然界的景物，如季节变化、风霜雨雪、山川湖海、森林原野等。

社会环境，指反映社会、时代特征的建筑、场所、陈设等景物以及民俗民风等。

（1）就本题来说，自然环境可以写苍茫辽阔的大海、陪都重庆的风光等。社会环境可以写国民党统治下的社会、白公馆、渣滓洞、囚室、刑讯室、贾府、大观园、荣禧堂、潇湘馆等。本题在考查学生对名著中典型环境的记忆及理解程度。

（2）描述可以在忠于原著的基础上合理想象，加以充实丰富。

【存在问题】

1.没有典型环境的描述，只分析其作用。

2.不按规程表达，环境描述与点评分析混杂。

【标杆文】

4分

在《老人与海》中，平静的大海是故事中最为典型的环境。平静的大海暗藏着未知，它给予了老人大马林鱼这一丰厚的礼物，又让群鲨将其从老人手中生生夺去，烘托了文中一直存在的神秘而又危险的气氛，难怪老人将其比作一个阴晴不定的女子。大海又是老人的狩猎场，老人在此捕得猎物，又与其他猎手争夺，作为平静的大幕，平静的大海衬出了小船上发生战斗的激烈，也衬出了老人虽然瘦削但却高大、坚强，可以被杀死但绝不会被打败的高大形象。

评语： 几乎没有环境描述，只有大海作用的分析。

5分

在《老人与海》中，对于大海的环境描写十分精彩并使桑迪亚哥的形象被生动刻画，这种描写的作用在下面两段中体现得淋漓尽致。在老人出海捕鱼的八十四天中，大海是相对平静的，在老人一无所获时，大海突出了这种环境的难以承受，体现了老人过人的毅力。在老人捕到鱼却又被鲨鱼盯上时，老人奋起反抗，海面突然变得汹涌。海面的这一变化不仅烘托了当时气氛的危急，还刻画了老人不屈不挠的硬汉形象。以上二段环境描写都使老人的形象更有立体感，更有层次。

评语：有两句环境描述，有作用分析。

7分

环境描写对烘托气氛、塑造人物起重要作用。《红楼梦》中有一处院子：幽径通达，翠色的湘妃竹植于院前，屋内竟没有书房，这是林黛玉的潇湘馆。曲径通幽，让人有种难寻难觅、难以接近的外冷内热之感；翠竹成群，创设了一种高傲雅致、冰清玉洁的仙人之姿；女儿帐内没有书房，是自幼当作男儿养，腹有诗书气自华的少女之情；而竹林之清净幽邃，给了潇湘馆一份与世隔绝的孤独寂寞之感，即使病逝竹林，也是在自己那一隅安静清新之中，了却前世的恩情与今生的恩怨，烘托出林黛玉死时的悲凉。

评语：有潇湘馆描述，与点评夹杂，符合要求。

8-9分

《红岩》中，在特务头子徐鹏飞出场前有一段关于他办公室以及受刑场所的描写。从布满血腥味、爬有蜘蛛的办公室到令人胆颤的血滴声，再从阴暗发臭的囚房到不曾终止的鞭挞声、绝望的喊叫声，着实烘托出了一种令人恐惧、心惊胆颤的气氛，侧面反映出了接下来出场的徐鹏飞的心狠手辣以及他做事的惨无人道。这样的环境描写可以一下子让读者置身于小说的情节与景象之中，对于气氛的烘托和接下来的人物塑造有很大帮助，是小说中必不可少的环节。

评语：描述较充分，点评分析较恰当。

8-9分

渣滓洞中的环境十分昏暗，地面很是潮湿，阴冷的气息从地下汩汩冒出，地上还残留着大片未干的血迹。一个个囚笼被铁栏隔开，在昏暗的条件下，铁栏显得越发幽黑、牢固，不时可以听到有人拼命摇动它的声音。这样一个脏乱差的环境，体现了战士们的艰辛不易。处在如此环境之中，他们仍不放弃希望，更烘托了他们的勇敢和革命的决心。同时，反衬出敌人不把人当人的残忍与内心的丑陋，进一步加深了双方的矛盾，有力地推动了故事情节的发展，加深了读者的印象。

评语：环境描述具体充分，作用分析较深入。

【优秀例文】

潇湘之馆，有凤来仪。院里遍植簧竹，清风来时，便有龙吟细细，凤尾森森。潇湘馆的竹林使这间院落成为一片清凉、幽静又略显凄清的天地，这无疑与黛玉的精神气质相契合。湘妃竹斑乃湘妃之泪，暗含了黛玉泪尽而逝的命运。竹节坚韧超拔，也透露出黛玉高洁而不同流俗的品格。连潇湘馆的风都比别处沁凉，这也是黛玉给宝玉的感受——只有林妹妹从不劝他追求功名，大有林下名士之风。正是在这片清幽的院落，孤高标世的黛玉形象才得以更加鲜活、灵动而有真气和深情。

题 二

有人说，文学作品中的"长兄"形象，常常是隐忍、保守的。你是否同意这种说法？请从孙少安（《平凡的世界》）、天保（《边城》）和大哥（《狂人日记》）中选择一位，谈谈你的看法。要求：观点明确，论据符合原著，自圆其说。

【解题】

观点明确：同意或不同意皆可。

论据：符合原著，在孙少安、天保、大哥中选择一位，确定相关内容加以分析。

论理：有对"长兄"形象的认识理解。长兄——有家族的角色感、责任感、担当精神。子承父业，维护家族名誉利益；忍苦负重，养老护小；隐忍谦让，奉献牺牲……长兄如父，可尊可敬，令人钦佩。

【存在问题】

1. 只举例解说证明，缺少对"长兄"形象的认识理解。
2. 个别学生情节记忆有违原著，对人物形象的分析不合理。

【标杆文】

4分或5分

俗话说"长兄如父"，我认为长兄常常是隐忍、保守的，长兄对待自己的弟弟，就像父亲对待自己的孩子。《边城》中，长兄天保与弟弟傩送同时喜欢上了翠翠。但最终，天保选择了外出，最后竟死在途中。是什么让天保作出了如此决定呢？是对翠翠爱得不深？其实是出于他对弟弟的爱，将翠翠让与傩送，因为成熟，所以保守，因为亲情，所以隐忍，长兄如父，此言不虚。

评语： 对"长兄"形象的认识比较表面化，分析欠合理。

7分

我同意这种说法。在《平凡的世界》中,虽然秀莲多次劝说孙少安,孙少安也不愿分家,但最终他还是在父亲的开导下同意分家;孙少安平时干活最多,在饭桌上却不舍得吃,因此还和秀莲起了争执;孙少安开砖厂挣了钱,却总想着留给亲人用而不顾及自己的小家庭。以上都可以看出孙少安的隐忍。孙少安劝说少平不要去大城市受挫,希望他和自己一同经营砖厂,这体现出孙少安的保守。隐忍体现了长兄的担当与责任感,这正是常常令人感动的。保守虽然有些许思想顽固,但也体现了长兄对家人的担忧与关爱。

评语: 有举证,有分析,合理性与充分性有所欠缺。

8分或9分

同意。作为长兄一定要从顾全大局的角度行事。就如《边城》中的天保,与其弟傩送同时爱上了翠翠,但他在内心挣扎过后选择了退出。这并不是认输,是作为兄长对弟弟的谦让与宠爱,是不愿因此破坏兄弟之情而作出的牺牲,是在事情一发不可收拾之前主动作出的一步退让。这样行事不会让家中大人因手足之争而再增几分负担。这一切都是建立在良好的兄弟感情基础之上的。所以,这并不意味着长兄的懦弱,相反,是长兄愿意承担一切的刚强。

评语: 对"长兄"形象的认识,例证恰当,分析有力度。

8-9分

我同意这种看法。《平凡的世界》中的孙少安正是隐忍保守的大哥形象的代表。书中少平也希望少安能出去闯一闯,看看外面的世界,但少安考虑到家中老小,决定留下来继续开办砖厂。这里的少安的保守是对家人幸福生活的担当。少安在收到表白信后,考虑到门不当户不对有可能会造成生活困扰而最终迎娶了外村姑娘,这说明他非仅凭喜好决定一切,这能让我们看出少安的隐忍,而且这里的隐忍是对双方家庭权力、阶级的综合考虑后大义般的放弃。隐忍来自对爱的别样守护。保守来自对全家生计的责任担当。

评语: 对"长兄"形象有理解,举例恰当,分析充分。

【优秀例文】

我同意这种说法。长兄由于身为家族后世之首,其肩上往往负有更多的责任,对自己的兄弟姐妹有着更多的谦让与包容。孙少安从小学毕业便承担起养家糊口的责任，现实的沉重塑造了他隐忍与保守的品性。他安分守己、勤劳耕耘，为使弟妹父母生活得更加优渥，他不敢也不理解弟弟少平的独身闯荡；在爱情面前，他选择了"过日子"的秀莲而放弃了心爱的润叶。一家之长兄的身份让他在作出每一个选择时都不是潇洒随意的，更多的是保守与忍让的。这种保守隐忍的性格背后是身为长兄所承担起的伟大责任与一个男人对于家中亲人的无言厚爱。

题 三

同学三载，毕业在即，请给你的高中同学写一段临别赠言。要求：恰当引用下面的《论语》两则，语意连贯，感情真挚。

曾子曰："士不可以不弘毅，任重而道远。"（《论语·泰伯》）

子曰："岁寒，然后知松柏之后凋也。"（《论语·子罕》）

【解题】

一、可回忆三年的高中生活，歌颂友谊；可展望未来，勉励奋进。我们提倡昂扬向上的、积极进步的人生态度。

二、引用《论语》两则，可直引。也可间引，如士当弘毅，任重道远；松柏晚凋。

【存在问题】

1.赠言内容与引用联系欠紧密，有为完成要求而引用之嫌。

2.无视要求，不引用或只引用《论语》一则，此为"硬伤"。

【标杆文】

4分或5分

时光飞逝，转眼三年的光阴从指缝间匆匆流去，又到了与君分别的时刻。这三年来，在我们一起度过的青春岁月中有欢笑、有泪水、有得意、有失落，这些无数美好而珍贵的回忆都深藏于你我的心田。聚散匆匆，请不要为我们的分别而哭泣，因为这只是我们人生中又一次新的启航，曾子说过："士不可以不弘毅，任重而道远。"未来的路还有无数坎坷，让我们为彼此的启航唱响一曲美妙的赞歌，让我们为彼此美好的未来送上祝福！

评语：只引用一句。

7分

时光飞逝,三年的同窗时光即将结束,我们也将各奔前程去追求不同的生活。也许刚迈出校门的你会对未来感到些许迷茫困惑。曾子曾说:"士不可以不弘毅,任重而道远。"远大的目标是我们人生路上的引路人,它让我们的未来之路越来越清晰。但每个人的路都不会是一路平坦,你可能随时会处于极寒或面临困境。"岁寒,然后知松柏之后凋也。"在困境中,不要放弃你那颗坚持的心,面对迷惘,你只要做那颗御寒的劲松,咬牙坚持,方可成为人上之人!愿与你共勉!

评语: 符合要求,语意连贯,语言通畅。然境界不够,如"咬牙坚持、人上人"。

8-9分

冬去春来,三岁即望,我们即将分别。值此临别之际,我不愿高谈未来,也不愿长篇冗文只为叙情,毕竟情深似海,三言两语难纳。我只愿君平平安安,不忘初心,做一名真正的君子。子曰:"岁寒,然后知松柏之后凋也。"你的坚持与高洁,时间会为你证明。人生多苦难,望君自勉励。在为人正直的基础上,我还希望你能胸怀大志,坚毅地迈下人生的每一步。"士不可以不弘毅,任重而道远。"人生之路,我们一起前行。愿君度过半生,归来仍是少年。

评语: 符合题目要求,语意连贯,情感充沛。

10分

三载飞逝,今当别离。日后我们各自虽将身处异地。但仍同为求知行道者也。曾子曰:"士不可以不弘毅,任重而道远。"望君遵此言,奋发图强,得以终成美玉。当下,时代洪流汹涌,中华民族伟大复兴已经站在了新的起跑线上,吾辈当肩此重任,成为新时代之中流砥柱。于此过程中,难免会有碰壁之挫,迷惘彷徨之惑,而如孔子曾曰:"岁寒,然后知松柏之后凋也。"于困苦之时,望君仍坚毅不屈,若凛冬之松。由此,吾与子得以践行己道,实现理想。虽身之所在不同,但心之所向如一,殊途而同归,实大幸也。

评语: 语言好,立意高,境界大,有气象。

【优秀例文】

三年同窗千尺情。吾辈当以"士不可以不弘毅,任重而道远"为尺,不懈前行。当立经纬之志，抱社稷之重，以己之所学绘锦绣前程；循"君子之道"，立德修身，以期能"修齐治平"，不枉寒窗苦读之识。吾辈当以"岁寒，然后知松柏之后凋也"为规，不蔓不枝，以松柏之刚直苍劲、不畏寒栗为脊髓精魄，顶立于天地之间。以这等浩然正气行于浊浊尘世，不忘初心，不改本性。谨以此二言赠予诸君。前途无量，吾辈后会有期。

致挚友：三岁光阴，弹指一瞬。往昔峥嵘岁月，历历在目。曾共面患难，携手以渡；亦天真烂漫，花下泣衷。前路漫漫，再难聚首，唯此赠言，以表祝福。曾子有言："士不可以不弘毅，任重而道远。"四海广阔，必有你我展翅翱翔之处，若兼以不拔超脱之意志，即便坎坷丛生、荆棘遍布，定能乘风破浪、鹰击长空。若遇人生低谷，万不可轻言放弃，天将降大任于斯人也，必先苦其心志。孔子亦云："岁寒，然后知松柏之后凋也。"起起伏伏本乃人生的无穷乐趣。莫愁前路无知己，今当约定，心之相系，随君直到"夜郎西"。

微写作《车站一瞥》讲评

北京九中高三语文组　张　妍

一、教学目标

1.知识与能力

能用精练的语言描述事物、表达观点、抒发情感。

2.过程与方法

通过对学生微写作习作的讨论交流、评析修改，提高学生在叙述、描写、议论等表达方式上的表达能力。

3.情感态度与价值观

培养学生观察生活的能力，使学生正确认识社会、领悟人生，培养社会责任感。

二、教学过程

教学环节	教师活动	学生活动	设计意图
一、导入	1.PPT 回顾微写作"车站一瞥"的写作要求。 2.PPT《考试说明》中关于微写作的具体要求和考试内容	了解高考中微写作的考试要求和内容	对新题型考点有所了解
二、评析修改典型例文	1.PPT 展示学生典型例文，引导评析例文中存在的问题。 2.根据发现的习作中的问题，引导学生修改。 预设： PPT 明确"车站一瞥"的内涵：车站的一个场景、一个画面。 PPT 明确概念：叙述（记叙）、描写、评价。 PPT 展示所学课文中关于"描写"的精彩片段：《背影》《祝福》。 明确评分标准：记叙 3 分、描写 3 分、评价 2 分、语言表达 2 分	评析习作，阐述理由。 具体过程： 明确叙述、描写、评价等相关概念→在习作中找出相应的内容，思考优劣，阐述理由→集体修改典型例文	发现习作中的问题，明确修改思路和方向，为修改自己的习作和做反馈训练做铺垫
三、课堂总结	引导回顾朝阳（东城）期末微写作试题，引导学生归纳考点及作答要点规律	学生归纳考点及作答要点规律	强化考点，强化解题思路、作答要点
四、课堂反馈练习	完成《高考说明》39 页测试 51 题	完成反馈练习	在进一步的亲手操作练习中，明确多种表达方式在微写作中的运用，锻炼自身微写作的写作能力

【附录1】学生习作

1.周四傍晚，刚放学的我站在车站等车。环顾四周其他等车的人，我发现他们当中有和我一样的学生，也有穿着朴素的务工人员，还有刚锻炼完身体等待回家的老年人……大家都在车站等待着车的到来，以期在这宁静的夜晚回到家中结束一天的忙碌。我们每个人都生活在这平淡之中，充实而又忙碌。【问题：不是"一瞥"，无具体描写，评价和描写不匹配。目的：此例文主要解决审题问题，让学生明确是"一瞥"而非环顾。】

2.今日风和日丽，我周边的世界就像一幅和谐的油画。此时我站在车站等车，只见交通员将车引导进站并指挥车停好，车上人开始有序下车，等车人排队上车。大家井然有序，不拥挤、不喧闹、讲文明、懂礼貌。期间，一个抱着婴儿的阿姨未能及时上车，司机与乘客静静地等待，没有催促、没有埋怨。我想，或许每个人都在心中种下道德的种子，文明才能生根发芽。道德之花才能璀然绽放。【问题：缺少具体描写，重点描写不突出，议论过于拔高。目的：此例文主要解决对场景的具体描写的问题，让学生们学会在关注了一个焦点场景后，用生动形象的语言对其进行描写。】

3.站在车站旁，向车站一瞥，你会发现形形色色等车的乘客，他们当中有的人正因需要搭乘的车辆久久未至而焦急地踱步；有的人正在和亲人做最后的道别；还有的人争分夺秒地阅读着书籍。车站旁树上的鸟儿也会不甘寂寞地叫上一两声，仿佛是要为即将出行之人送上歌声。小小的车站当中，同样汇集着世间的百态与冷暖，这里的每个人都在等待，等待着前往自己的目的地，这小小的车站可当真是一个热闹的地方。【问题：评价与场景描写不一致。目的：此例文主要解决学生们对于场景的评价的问题，让学生们明确评价是在场景描写的基础上进行的，二者要一致。】

优秀示例：

坐在车站的一个角落，看着络绎不绝的人流，我的目光最终落到了一位老人身上。她衣衫褴褛、头发凌乱、皱纹满脸，佝偻着身躯艰难前行。这时一个穿西装的男人走过来，只见他健步如飞，不小心撞了老人一下，然而出乎我预料的是他头也没回地匆匆走了。紧接着一位穿工地制服的叔叔过来了，他小心翼翼地将老人扶到最近的座位上，又把手里的矿泉水也递给了老人，他似乎又对老人说了什么，然后那位叔叔带着最朴实的微笑走了。看到这里，我心里悲喜交加。悲，是因为有人无视老人的孤苦；喜，是因为这世上仍然有爱在传递。

【附录2】所学课文中的经典段落

《背影》：我看见他戴着黑布小帽，穿着黑布大马褂，深青布棉袍，蹒跚地走到铁道边，慢慢探身下去，尚不大难。可是他穿过铁道，要爬上那边月台，就不容易了。他用两手攀着上面，两脚再向上缩；他肥胖的身子向左微倾，显出努力的样子。这时我看见他的背影，我的泪很快地流下来了。我赶紧拭干了泪。怕他看见，也怕别人看见。我再向外看时，他已抱了朱红的橘子往回走了。过铁道时，他先将橘子散放在地上，自己慢慢爬下，再抱起橘子走。到这边时，我赶紧去搀他。他和我走到车上，将橘子一股脑儿放在我的皮大衣上。于是扑扑衣上的泥土，心里很轻松似的。

《祝福》：那是下午，我到镇的东头访过一个朋友，走出来，就在河边遇见她；而且见她瞪着的眼睛的视线，就知道明明是向我走来的。我这回在鲁镇所见的人们中，改变之大，可以说无过于她的了：之前的花白的头发，已经全白，全不像四十上下的人；脸上瘦削不堪，黄中带黑，而且消尽了先前悲哀的神色，仿佛是木刻似的；只有那眼珠间或一轮，还可以表示她是一个活物。她一手提着竹篮。内中一个破碗，空的；一手拄着一支比她更长的竹竿，下端开了裂：她分明已经纯乎是一个乞丐了。

第五节　借助现代化技术教育手段和思维导图策略

如今，九中集团内部初高中阶段数学学习采用联想pad手持技术，英语学习采用电子词典、Boxfish应用软件（手机、电脑端）、一起作业网（手机端）、英语趣配音网络平台（平板、手机）等现代化教育技术手段，极大地提高了作业的有效性。

集团初高中数学组与中国高等教育学会教师教育分会"基于数据的课堂教学改进"创新实践项目相结合，利用专用APP，针对课堂教学的关键环节之一——作业，进行作业设计、统计分析、评价反馈并改进教学。

一、多元化的作业内容

围绕学科核心素养的关键内容，依据作业质量标准，确定作业检测要素，引入真实问题情境，注重提升学生解决现实问题的能力；设计不同认知层次、不同类型的作业，让学生根据自身情况，有自主选择不同类型作业题以及主动练习的机会，激发了学生做作业的兴趣。

例如，某小学借助"一起作业"平台，布置网上作业

"一起作业"平台为学生提供了趣味性极强的作业模式，学生们只需在规定时间内上网，再结合所学单元内容有选择地完成相应的作业。我校数学学科、英语学科借助"一起作业"平台，给学生布置网上自主作业。

数学学科题目尤其是带有图的一些试题给学生们带来了十足的新鲜感，这样的作业内容和形式不仅给学生解题带来了一定的帮助，而且"数形结合"本身也是对数学本质的最好体现。

英语学科的"一起作业"，学生通过"魔法暗语""声波守卫"完成课文朗读并录音，系统会根据学生的朗读情况自动打分，并为学生指出出错频率高的发音。通过玩"星球大战""正义法官""拳击擂台""超级弹跳""海盗冒险"等游戏进行词汇的复习与拓展。"超级孵化室"还为学有余力的孩子提供了展示自我的平台。

"一起作业"平台，教师结合本班的学习情况有选择地布置作业，学生不仅可以选择其中感兴趣的部分完成，还可以根据自己的时间去选择完成作业的时间。一般教师会给学生布置为期一周的作业，学生只要在一周内上网完成即可。另外，平台还有预测完成作业时间的功能，每次作业都严格控制在20分钟之内完成。作业的可选性让学生体会到了可以自主选择的乐趣。

大数据时代背景之下，"一起作业"平台为教师提供了全面有效的数据资料。除了正确率和错题率、平均值等这些常用的结果性数据以外，过程性的评价便于教师了解学生学习过程。每个题目都有一个错因分析，可以反映出学生的错题原因，以便教师及时了解学生情况。

二、交互式的作业练习

改变以往练习活动中教师对学生的单项指导，充分利用信息技术，及时生成作业报告，实现多主体、跨区域、任何时段、甚至跨学科的交互作用，提升学生做作业的积极性和作业质量。

三、数字化的学情分析

借助大数据分析技术，运用专用APP及时反馈课堂情况，使用直观的图形显示实时数据分析，让教师及时了解学生对知识的掌握情况，以调整教学重点，实现从教到学、从课内到课外的交互，实现全过程数据收集，反馈及时，提高了教学效率。

学生的个人学习情况可以被详细地记录，根据学生的知识点掌握情况形成学习能力模型，帮助学生补偿学习与拓展学习，并形成学生成长曲线，帮助学生实现个性化学习。

思维导图策略已在集团内部各学段开始实施，取得了非常好的效果。小学初中阶段以语文、英语等学科为主，高中则以史、地、政为主，开展了大文科思维导图项目，进行作业的预习、知识体系的复习与整理。

第四章　集团整合促有效作业阶梯推进

第一节　纵向衔接探索独立学科作业有效性

在以往的学科教学中，总会出现学科知识无法衔接或衔接有漏洞的情况，甚至给初高中的教学带来困扰。为此，九中集团着眼于独立学科阅读类、应用类作业的设计与实施，做到各学段的垂直整合，为小、初、高的衔接提供了极为有利的条件。

所谓独立学科阅读、应用类作业是指从某一学科知识应用的视角进行设计，着眼于学科教学的基本能力，从教材出发，结合教学进程，各个学科围绕特定的专题，进行系统性、序列化设计。本研究中，以语文和英语学科的阅读作业以及数学、物理、化学、生物、地理等学科的知识应用作业为核心，附带其他学科，进行应用类作业的研究和实践，达成了预期的知识与技能目标。数学学科有关分数的学习、语文学科有关《红楼梦》的学习、地理学科有关首钢搬迁问题的学习都涉及小学、初中、高中学段，为不同学段的学生布置不同内容、层级、适合学段自我学习、同学合作、小组探究的作业，在课堂上进行交流展示，做到垂直整合，阶梯推进。

一、根据各学段教学重点进行主题作业设计，构建作业系列化

无论是小学阶段的主题活动作业设计，还是初高中的学科专题作业设计，都是根据学生的实际情况及学习内容来确定主题或专题的，作业设计强调差异性并注重各学段内部及小、初、高跨学段的学习衔接。如表4-1所示，为新课标中关于汉字教学的规定。

表4-1 新课标中关于汉字教学的规定

学段	学习量（字数）	知识与能力	方法	情感与态度
第一学段 一、二年级	认1600~1800，学会800~1000	掌握汉字的基本笔画和常用偏旁部首，能按笔顺规则用硬笔写字，注意间架结构。养成正确的写字姿势和良好的写字习惯，书写规范、端正、整洁。学会汉语拼音。能读准声母、韵母、声调和整体认读音节，认识大写字母，熟记《汉语拼音字母表》	能用音序和部首检字法查字典，学习独立识字。能借助汉语拼音识字	喜欢学习汉字，有主动学习的愿望。初步感受汉字之美
第二学段 三、四年级	认2500，学会2000	能使用硬笔熟练地书写正楷字，做到规范、端正、整洁，用毛笔临摹正楷字帖。有条件的可以使用键盘输入汉字	会使用字典、词典，有初步独立识字能力	对学习汉字有浓厚的兴趣，养成主动学习的习惯
第三学段 五、六年级	认3000，学会2500	硬笔书写楷书，行款整齐，有一定的速度。能用毛笔书写楷书	能独立识字	体会汉字的优美

据此，低年级段的课内作业有通过儿歌、趣味故事等形式完成汉字认读并能正确美观地书写。中年级段的作业有硬笔及软笔书法书写、"保护汉字，改错做起"、手抄报等。高年级段作业内容有构建单元知识网络图、收集对联或歇后语、网上查找资料等。学生可依据自身特长自由选择形式丰富的作业内容。

仍以语文学科为例，高中部进行了关于写作型作业有效性途径的研究。

其中我校高笑旭和王讯飞老师分别上了两节研究课，课题分别为"发现平凡生活中的细节之美"和"少年总关情——诗歌写作训练"。这两节课前，教师都进行了作业的原创设计。

"发现平凡生活中的细节之美"课前作业：用摄影家的眼光去发现平凡生活中让你感动的地方，以照片或小视频的形式记录下来，并用文字表达自己的感受，发到微信群里。

"少年总关情"课前作业：选取古诗歌常用意向，仿照李白的《望江南》填一首词，表达离别之情。

写作源于生活而又高于生活，写作要以我手写我心，要抒发真情实感，不可矫揉造作。以上两份课前作业不但与教学内容密切相关，还充分调动了学生的知识储备与观察生活的积极性，这样的作业是教师智慧的结晶，它不再是单纯训练意义上的作业，而是与学生思维、品质，与学科素养密切相关的作业。

与此同时，两位老师写作指导的序列化初见端倪：

"发现平凡生活中的细节之美"写作指导训练：新、细、深。从学生的选材说起，所有的素材都来源于我们的日常生活，来源于学生的个性体验。但如何出新？这就需要学生挖掘生活中的细节之美，进行深入观察与发现，寻到新的视角，写出别人未看到、未想到、未写到的"新"内容，表达自己的情感、韵味与思考，提升思维能力。

"少年总关情"从诗歌的意象出发，先酝酿情感于内心，然后构境，抒情。

二、进行作业的垂直整合与跨学科作业的搭配、融合，探究有效作业的整体性

初中部的生活实践类作业是作业有效性的重要途径，已经卓有成效。我们不仅制定了生活实践类作业的标准及实施方案，我们还进行了扎实有效的推进工作。最为关键的是，我们的作业形式做到了跨学科的融合，同时也具备了学段衔接的特点（表4-2）。如，名著选读作业，既符合新课标中经典阅读的要求，又与学习内容相结合，同时可以由小、初、高跨学段共同完成。参观博物馆作业依据中小学科教学改进意见要求，以培养学生素养为核心，涉及语文、地理、历史、美术、摄影等多门学科，真正做到了跨学科的整合。

表4-2 生活实践类作业有效性实施内容及要求

作业形式	生活实践类作业		
单元（课题）	主要教学内容	落实相关要求	作业要求
国庆节	语文、英语、生物、体育	价值观、研究方法、中英文写作、环保意识、数学计算的训练	主题：爱国在脚下 爱国在眼中 爱国在笔下 两项实践活动中，选择一整项完成： 实践活动一：在家观看体育赛事。 实践活动二：外出旅游
寒假	语文、英语、历史、地理、生物、体育、物理、美术	了解中国传统文化；提升审美情趣；锻炼身体等	主题：体验中国传统文化
暑假	语文、英语、物理、数学	生存实践能力，阅读能力，统筹规划能力	为忙碌一天的父母设计一顿爱心晚餐；用自己的双手装扮一下自己的温馨小屋；银行一日行；参观博物馆；名著选读

同一主题垂直整合类作业以学段为单位，根据各自不同的学情，布置不同类型、不同层次的实践活动作业或探究作业。小学阶段以实践活动作业为主，中学阶段以探究作业为主，做到彼此衔接，垂直整合，扎实推进作业有效性探究。如表4-3所示，为九中集团学科或跨学段有效作业途径研究的案例展示。

表4-3 九中集团学科或跨学段有效作业途径研究的案例展示

年级	初一	初二	初三	衔接体现
形式	了解、描述。从历史、地理等多角度了解事物，运用文字描述、照片、视频等对所见所闻进行陈述式描述	评估、研究方法的体验，主题半开放性，知识背景、活动原则、自评表、教师评语；聚焦某一具体活动的研究，体验完整的科学研究方法；研究主题部分开放，学生选择	内涵探索，写作为主，调查报告、报道、论文等形式	从了解到理解，再到应用，螺旋式上升
容量	提供两种系统性实践作业，学生选择其中一项为必做作业	提供六种系统性实践作业，其中两项是必做作业，其余四项选择其一为必做作业	提供六种主题性实践作业，其中一项是必做作业，其余五项选择其一为必做作业	系统性学习到主题性应用
内容	国庆：以爱国为主题，文化、礼仪、历史、欣赏、实践，以小见大； 寒假：中国传统文化为主题，民俗、祝福、往事、礼物、艺术、节气、阅读、锻炼； 暑假：生存实践为主题，爱心晚餐、温馨小屋、银行一日行、名著选读； 统筹、评价、内心体验、家长寄语、名著赏析			价值观统领，中国传统文化的学习和领悟，生存能力的探索
呈现方式	生活实践类作业本	视频	九中讲坛	由平面到立体，由个体到集体。

综上可见，一直以来，九中集团致力于学科或跨学科有效作业途径研究，积累了大量的公开课和论文、案例。以本次论文征收情况来看，成果非

常可观。我们共收集论文、案例等46篇，其中一等奖12篇，从小学到高中，老师们都进行了不同学科与领域的有效作业探索。高中部展示的语文、英语跨学科的课程也极好地突显了作业的有效性。在学科知识的融合、学科核心素养的培养、课前课中作业的设置以及两位老师的默契配合上，都彰显了老师们对作业有效性的研究与思考。

2016年11月，我们又学习了作业研究的新理念、新思路，为我们下一阶段集团作业有效性研究的开展指明了道路与方向，使我们更加明确了教改与考改的趋势和内容，明确了课堂教学的实质及对学生的培养要求。这样的要求不仅要落实在日常的课堂教学中，更应该采用多种形式加以落实，使学生的知识内化，进而转化为自身的素养与能力。通过实验后的分析可以看出，作业的自主设计、作业的不同类型、作业的有效评价等都得到了学生的认可，起到了一定的减负增效作用，向我们预期的理想与目标迈出了坚实的一步。

以初中英语学科阅读作业为例：

英语学科从阅读出发，以"轻松英语 名作欣赏"为主题，在作业设计上注重选择性、趣味性，如阅读文章的内容应有时代气息和生活气息，或是学生感兴趣的话题；注重创造性、渗透开放性，如鼓励学生收集有关其他英语国家的情况，如地理位置、国歌、国旗、饮食习惯等；注意个性化研究，要对自己所教班级乃至班级里的每一个学生有不同的了解与把握，坚持英语作业布置的个性化研究。

（1）主题性、层级性内容的设计如下。

层级	主题	阅读要求样例	具体内容
初一	轻松英语名作欣赏	（易）摘抄课文中有关人物外貌与性格的句子。	《长腿叔叔》《弗兰德斯的狗彼得潘》等
初二		（中）仿照课文的句子，简要介绍你最熟悉人物的外貌与性格。	《红鞋》《海的女儿》《小王子》等
初三		（难）描写一位你喜欢的人物的外貌、性格、主要事迹以及他对你的影响等	《灰姑娘》《森林王子》等

（2）实施方式如下。

层级	策略	具体内容
初一	以问题链、文本分析、创作、挖掘教材、生活应用为实施策略	1.导读案；2 创作戏剧；3.海报；4.读书体会；5.回信；6.安全教育
初二		1.读书笔记卡；2 电影观感；3.写作；4.天气预报；5.描述自己；6.思维导图
初三		1.读书摘记；2.片段赏析；3 人物点评；4.手抄报；5.读后感

（3）提炼评价要素。基于英语学科的核心素养，即道德情感、文化素养、思维品质、语言能力和交际能力，提炼评价要素如下。

效果评价	评价要素
有效果	谈话式的方法，探索文章内涵，完成了阅读名著的数目，能对文本达到深入理解，梳理语言内容。理解国际文化；能用英语进行交流。

第二节 横向融合探索跨学科作业实效性

在有关实践类作业的研究中，主要的探索与思考有：提出了从设计原则、设计要求、实施途径和作业评价等方面来构建和优化作业体系，系统地指出，根据教材及各年级学生在认知、能力、经验等方面的差异，科学地把握设计原则、设计要求；同时结合教材资源、学校资源、社会资源，设计开展形式多样的实践活动；注重实践作业完成后的评价工作，把握评价原则，进行多种形式与方法的评价。在注重作业设计、提升自身素养和总结反思三方面对任课教师提出要求。达到最大限度地拓展学生实践活动的空间，充分调动学生完成作业的积极性，使学生在实践道德的过程中丰富知识、拓宽视野、培养能力。

跨学科作业的研究是本研究的亮点之一。从2012年，我们就已经开始探究跨学科课程的学习并取得了初步成就。现如今，我们所进行的跨学科课程已经涉及除体育、信息技术、心理以外的11门学科，课节数不低于10节。高中部语文、美术、音乐的跨学科课堂教学"琵琶行"；语文高一、高二学段，政治高二学段的跨学科、跨学段的课堂实践"庄子与普希金"；化学、数学、生物等理科跨学科"雾霾的危害与治理"等，都是根据不同的学情为学生布置不同类型、不同层次的实践活动作业或探究作业，挖掘学科知识、学科素养、学科能力的共同点，做到彼此融合，多方位、多角度、多元化地学习知识、思考问题、寻找解决问题的途径，从而获得综合能力、探究能力、合作能力的提升，并从中获得审美体验与社会主义核心价值观教育。

学科教学教案设计

学校：____北京九中____　　　　时间：____2012年12月20日____

一、教学背景与设计

学科	语文、美术、音乐跨学科整合	所用教材	高中语文必修（二）阅读·写作 美术鉴赏 音乐鉴赏	任课教师	单玉坤 王世宏 屈明哲	年级班级	高一（2）班
课题			琵琶行				
本课教材分析	\multicolumn{7}{l}{**语文**：从教材体系看，属于京版必修教材第一个诗歌单元，单元的专题是"我国古代诗歌"，本单元教学承担着高中诗歌教学的起始任务。 　　从单元组成看，本单元共有19首诗歌，起于先秦，中含汉、魏、晋，截至唐、宋。先秦的《诗经》和《楚辞》是我国现实主义和浪漫主义文学的源头，汉、魏、晋以及唐、宋的诗歌创作则继承发展了《诗经》《楚辞》的优良传统。诗歌沿着诗歌历史发展顺序编排，意在让学生了解诗歌发展历史，对各阶段诗歌的内容和艺术特色有所了解}

续表

本课教材分析	本篇作为起始篇章第三课最后一首诗，在已有的基础之上，依据本课诗歌的具体特点，教学应该以学习《琵琶行》的内容、把握人物内心情感为主。《琵琶行》为古体诗，篇幅较长，学生的诵读准备一定要充分，通过对文字的赏析和充分的诵读，探索人物的情感世界，与诗人产生共鸣。 　　从本节课的教学任务看，本诗教学共分2课时。第一课时，疏通文义，把握诗歌内容，了解作者以及琵琶女的身世经历，积累古诗文知识。第二课时，学生在自主、合作学习的基础上，通过文字赏析和诵读，感受诗歌中人物及作者的情感。 　　**美术**：从教材体系看，和本课题关系密切的美术鉴赏的内容是美术鉴赏及其意义、美术作品的艺术语言、美术作品的意义与价值判断、中国古代绘画撷英、中国现代美术以及书法模块教学的书法名作鉴赏等内容的进一步拓展和升华。是在文字赏析和诵读的基础上，通过美术形象来进一步加深对主题的理解和审美体验。 　　**音乐**：我国著名作曲家吴厚元先生1983年创作了《诉——读唐诗〈琵琶行〉有感》，乐曲作了丰富的遐想与发挥，摆脱了一般叙事性手法，为演奏者提供了较大的"思""想"空间
课标要求及解读	**语文**：《高中语文课程标准（实验）》强调指出： 　　学习鉴赏中外文学作品，具有积极的鉴赏态度。 　　学习鉴赏中外文学作品，……能感受形象，品味语言，领悟作品的丰富内涵，体会其艺术表现力，有自己的情感体验和思考。 　　应引导学生重视对作品中形象和情感的整体感知和情感基调的直觉把握。 　　注重合作学习，养成互相切磋的习惯。乐于与他人交流自己的阅读鉴赏心得。 　　本课即是学生在自主、合作学习的基础上，通过文字赏析和诵读，感受诗歌中人物及作者的情感。把在语文学科的审美鉴赏能力延续到美术、音乐的学习中去，并能够根据自己对美的鉴赏进行再创造，将审美鉴赏能力在生活中延续下去。 　　**美术**：《高中美术课程标准（实验）》强调指出： 　　美术鉴赏是从美术与自我、美术与社会、美术与自然等方面认识美术的价值和作用。学习美术鉴赏的基本方法，联系文化情境认识美术作品的意义、形式和风格特征。 　　本课教学是在高中语文必修（二）阅读·写作中的京版必修教材第一个诗歌单元中的《琵琶行》的文化情境中展开的，是对相关主题的古代及现代绘画、书法作品进行的赏析活动

续表

本课教学目标	1.揣摩描写音乐的文字，赏析它所传达出的音乐的动听之处。 2.充分诵读、合作、交流，揣摩琵琶女在音乐中蕴含的情感，理解其与诗人的情感共鸣。 3.通过赏析文字，体味情感，把语文学科的审美鉴赏能力延续到美术、音乐学科中对绘画书法作品鉴赏和音乐作品的鉴赏以及日常生活领域中去
学情分析	**语文**：学生对诗歌这一体裁不陌生，初中和第一单元的前两课均有有一定的积累；初中学习过诗歌，对诗歌的学习停留在了解诗意这一层面，重在诵读背诵，对诗歌的形象、情感、手法方面的鉴赏缺少经验，高中则有意在这方面对学生进行引导和训练，但学生对此也只是在第一单元的前两课有了初步的体会和认识，鉴赏能力还有待进一步提高。 **美术**：在美术鉴赏模块教学前面的多个章节中，已经学习了美术鉴赏及其意义、美术作品的艺术语言、美术作品的意义与价值判断、中国古代绘画撷英、中国现代美术等内容，而对书法模块教学的书法名作鉴赏等内容还相对陌生，本课是对学生写字课及书法课的进一步拓展和升华，将对学生跨学科学习有很大帮助。 **音乐**：音乐审美在聆听音乐中发挥着重要的作用，在欣赏音乐过程中引导学生发掘音乐这门学科独特的审美价值。 从跨学科学习角度，学生学科知识形成了相对独立的体系，而对于同一问题从不同学科多角度分析能力并不突出，甚至有些同学并没有形成相关的思维倾向，因此需要通过相关课程引导学生树立跨学科分析问题的思维意识并初步掌握综合分析的思维方法
可持续发展教育渗透点	**语文**：把语文学科的审美及鉴赏能力延续到美术、音乐的学习中去，并能够根据自己对美的鉴赏进行再创造，将审美鉴赏能力在日常生活中延续下去。 **美术**：从古代及现代绘画、书法中发现古诗的美，并通过赏析和临摹，尝试继承和发扬祖国优秀的传统文化。 **音乐**：弘扬民族音乐，民族民间音乐作为我国重要的音乐文化组成部分，是需要学生能够正确体会和理解的，这对我国的民族民间音乐的传承和发展是非常重要的

续表

教学重点	**语文**：揣摩描写音乐的文字，赏析它所传达出的音乐的动听之处。 充分诵读、交流，揣摩琵琶女在音乐中蕴含的情感，理解其与诗人的情感共鸣。 **美术**：对绘画和书法进行鉴赏，提高对绘画和书法鉴赏能力。 **音乐**：学生能够正确理解诗词中表达的音乐形象
教学难点	**语文**：充分诵读、交流，揣摩琵琶女在音乐中蕴含的情感，理解其与诗人的情感共鸣。 **美术**：在特定的文化情境中，以书法的形式巩固对《琵琶行》内容的理解。 **音乐**：琵琶曲《诉——读唐诗〈琵琶行〉有感》当中音乐表现技法的理解

二、教学过程

课前：指导预习探究					
知识预习	探究问题	预期学习效果			
内容方式与要求	内容方式与要求	科学知识	基础—可持续学习能力	价值观与行为方式	
语文	第二段描写音乐的部分写出了琵琶声的美妙动听，请从修辞、语言表达等方面对这段文字进行赏析。 要求： 1. 以原诗内容为依据。 2. 有自己恰当的理解和赏析。 3. 语言表达尽量通顺流畅。 4.150字左右	赏析方法	书面表达能力 文字鉴赏能力	从文字表达中感受语言美、音乐美	
课上：指导合作探究					
时间	各阶段任务与设计意图	教师活动	学生活动	预期学习效果		
				科学知识	基础—可持续学习能力	价值观与行为方式

2分钟	音乐部分导入	教师向学生介绍琵琶的基本构造及其相关历史知识，琵琶的几种基本演奏方法，同时让学生聆听琵琶的声音效果，提问琵琶的音色特点	接受知识并且聆听，思考回答教师问题	学习关于琵琶这一乐器的基本知识，更好地理解琵琶的表现能力，有利于学生理解诗中表达的音乐形象	学生接受音乐知识的能力	体验我国民族音乐的魅力，感受琵琶这一乐器的美感，热爱民族音乐
8分钟	展开	教师讲解《琵琶行》在古代音乐中的解释，教师针对诗中有特点的诗句结合音乐让学生聆听对比，针对有特点的诗句进行讲解和段落聆听，提问学生音乐的形象是否契合文中的诗句，并说出自己的理解？教师给予正确的引导	聆听音乐，思考回答问题	在音乐聆听中把学生带入诗句所创设的音乐场景之中，让学生获得更好的情感体验	提高音乐鉴赏能力	
5分钟						
1分钟	深化					
	结语	教师播放琵琶独奏曲《诉读唐诗〈琵琶行〉有感》从中剪切的片段进行聆听，体会感受	学生聆听	学习《琵琶行》文字后，感受音乐的魅力	对音乐表达的概括能力	
1分钟	（一）导入 激发兴趣，带入情境	语文教师：由盲人听音乐的故事导入	聆听感受			

续表

8分钟	（二）琵琶曲为何动听？通过文字鉴赏，提高文字鉴赏能力，感受作者如何用诗句传达出乐声的动听。	教师组织诵读 PPT出示赏析语段 评价要求：这个同学是怎样体会出琵琶声动听的？ 教师总结 想象画面 教师组织学生分小组诵读、交流	集体诵读第二段 阅读文本 独立思考 合作讨论 代表发言 聆听思考	文字赏析 表现手法	语言表达能力 文字鉴赏能力 联想、想象能力 阅读、思考、合作、交流能力	从文字表达中感受文字魅力及音乐美感
16分钟	（三）琵琶曲为何动人？通过诵读，揣摩琵琶女蕴含在乐声中的情感，理解其与诗人产生的情感共鸣。	诵读要求： 1.小组合作选出代表，分别进行诵读和解说，说明所感受到的情感及这样处理诵读的原因，并把相关信息记录在探究作业本上。 注意：对本段音乐描写的部分进行诵读和解说，可以选取本段你们理解最深刻的某一句或几句进行诵读和解说	小组诵读 合作交流 合作完成探究作业本相关信息	诵读方法 赏析方法		从文字表达中感悟情感魅力

续表

		2.其他小组进行评价：	学生代表发言			正确、积极合作、交流、评价。
2分钟 3分钟		评价要求： ①发言组是否读出了作者想要传达的情感。 ②对朗诵者音调、语速、停顿、重音、节奏等方面进行评价。 ③组内解说是否准确到位。 ④对诵读、解说不合理、不准确的地方提出修改和补充意见。	互相评价补充（组内、组外）		诵读能力 情感感悟能力 评价、交流能力	
		教师适时引导、点拨、评价。		图文视听名作欣赏		关注和热爱传统文化艺术。
10分钟		教师小结： 引出全诗主题——"同是天涯沦落人，相逢何必曾相识"。	学生代表配乐有感情朗读	图文赏析		领悟不同艺术类型的美。
2分钟	导入：情境创设，转换思路。	教师评价（表扬） 总结、过渡 ——播放短片古今绘画及书法作品《琵琶行》（背景音乐：《琵琶语》）	其他学生聆听、感受 观看、体验、思考	名作临摹 书法实践	视觉的感知力	从书法和书写中体验艺术美与形式美。

续表

展开：赏析古今绘画及书法作品，进一步加深对主题内容的理解和掌握。	赏析现存最早的关于琵琶行主题的绘画作品：郭诩的《琵琶行》，文征明的《琵琶行》及董其昌的行书《琵琶行》，启功的草书《琵琶行》，陈逸飞的油画《浔阳遗韵》。	发现优点，总结不同时期的艺术家对《琵琶行》主题的不同形式的艺术表达。	发现优点，总结不足。	美术鉴赏能力	古人的伟大创造和艺术传统需要传承和发扬
巩固、提高：《琵琶行》主题书法实践，进一步加深对该作品的理解。	布置作业要求：教师演示，用硬笔或软笔的形式，以《琵琶行》主题进行书法实践，进一步加深对该作品的理解。	用硬笔或软笔临摹《琵琶行》中的经典语句，体验前人在文学、艺术上的伟大创造。		临摹、书写能力	
作品展示：找出优缺点，总结提高。	教师引导评价学生作品，注意形式美和主题内容的关系。	学生自评、互评，展示课堂作业。		评价和提炼、概括表达能力	

续表

课后：指导应用探究				
作业内容	方式与要求	预期学习效果		
^	^	科学知识	基础—可持续学习能力	价值观与行为方式
语文： 聆听小提琴协奏曲《梁祝》——楼台相会、投坟殉情这两个部分，用文字描绘出你所听到的音乐。	要求： 1.借鉴白居易描绘琵琶曲的方法。 2.有自己独特的理解与感受。 3.语言尽量通顺流畅。 4.不少于150字。	赏析方法	联想想象能力 语言表达能力 音乐感受能力	从音乐中感受画面美，善于用语言文字表达感受到的美感

第三节　五育并举探索生活实践类作业实效性

在有关作业设计生活化的研究中，主要的探索与思考有：作业要改变脱离生活的状况而必须贴近生活。设计生活化的作业，应基于学生、学科的需要，从丰富多彩的现实生活中鉴别、提炼出有价值、有意义的素材，以使作业与现实生活有机联系起来，让学生感受到知识的价值和活力，激发学习的热情，锻炼自身的能力，体验到自身的价值。

为深入开展作业有效性研究，九中集团校成员北京九中初中部开发了跨学科、跨年级、综合性的生活实践类作业，编写集德育、智育、体育、美育、劳育于一体的寒暑假《生活实践类作业》，构建生活实践类作业的垂直整合体系，探索生活实践类作业有效性的评价标准，提炼生活实践类作业有效性的方法与策略。

一、顶层设计

为了使生活实践类作业更好地体现核心素养的内涵和要义，九中分校先从作业设计理念入手，组织全体教师全面而深入地学习理解"中国学生发展核心素养"的内涵，理解"劳动育人"的价值与意义，深入探讨"生活实践类作业"设计理念如何与发展学生核心素养深入融合。

生活实践类作业的设计也将延承学校"全人教育"这一核心理念，让每位学生充分彰显个性，推崇独立人格，体现创新精神，关注培养学生学习体验、动手实践及创新意识，突出实践育人的价值。

二、开发模式

基于上述学校对生活实践类作业的设计思想，各个教研组在学校的引领下频繁开展组内研讨与交流，集思广益、群策群力，结合各自学科特点和学生实际情况，重组教材，设计实践类作业，提升学生核心素养。这既包括学科内知识与技能的整合，也包括本门学科与学生生活实践的整合等。

三、合作探索

在各学科教研组通力合作，尝试跨越学科边界，在学科属性相通、学习规律及学习方式相融的情况下，将不同学科的概念、内容和活动等整合在一起，以实现课程综合化，作业实践化，以学科群为主题进行深度建构，在学科融合中达成核心素养。

四、实践模式

实践模式：多学科融合、多部门联动。

多学科融合是指各学科教师共同参与设计，内容体现学科间的联系和相互渗透。

多部门联动是指两个初中学校，各个年级、教育、教学、总务等不同部门的联合策划与行动。

操作步骤：

（1）通过查阅文献进行影响生活实践类作业的有效性因素和有效实施策略的调查分析。

（2）设计作业主题（寒假、暑假、节日、节气）。

（3）积累素材：不同学科教师结合家庭资源、学校资源、社会资源，罗列出本学科与主题相联系的生活实践内容并进行分类整理。如制作类、实践类（调查、实验、实践、锻炼）、合作类、趣味类、传统文化类等。

（4）整合素材：根据各年级学生在认知、能力、经验等方面的差异，将生活实践内容进行分层组合。

（5）甄别和遴选素材：实施生活实践类作业本的设计。

（6）生活实践类作业本的使用，九中讲坛的开展，并随时进行跟踪反馈，及时评价，不断调整改进。

五、分层管理

实践作业要落到实处需要相应的管理与制度作为保障，其实施需要进行统一安排、协调和管理，同时，由于不同学科、不同教师具有不同的需求，应该尽量建立多元的组织来满足师生的要求，九中分校具体的管理、实施和保障组织结构如图4-1所示。

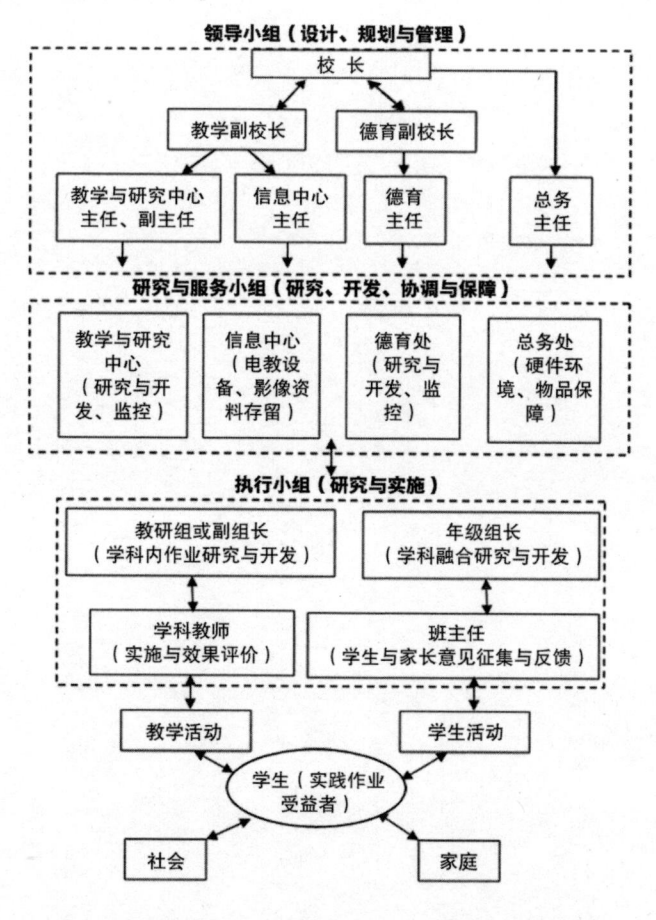

图4-1 九中分校管理、实施和保障组织机构图

通过对小学、初中、高中各个学科作业有效性的实践，设计出各个学段、各个学科不同层级与类别的作业，为学生高效率习得科学知识和技能提供有利条件，也为学生有更充足的时间去进行课外社会实践提供了知识和时间上的保障；同时，作为教师，也需要更科学地备教材、备学生、备课堂，从而提高教师设计作业的能力和专业素养；另外，通过本课题的研究，还将构建以作业有效性为载体的优质课堂的跨学科及垂直整合的课堂教学模式，并将该教学模式应用于九中集团的各个学段，再进一步发挥其引领和推广价值，为本区的课改提供示范辐射作用。

附录　优秀教师论文

以作业设计促进心理课堂教学改进

北京市第九中学　刘　欣

一、问题提出

以往人们将作业看作是学习过程中的巩固环节，因而简单地将作业等同于课后进行的以巩固、练习当天教学内容为目的的学习任务。但事实上，作业是学生学习活动的重要组成部分，是老师不在场的情况下，学生自主学习的重要工具。正如研究者张丰指出，"作业的本质是一种自主学习任务，它应该存在于学习活动的各个阶段，有多种类型，并发挥着不同的学习功能。"

以心理课堂为例，教育部《中小学心理健康指导纲要》明确指出，心理健康教育应注重针对性和吸引力，坚持将教师主导性与学生主体性相结合，切实提高学生心理素质。然而，在实际的课堂教学中，教学内容无法兼顾学生的普遍性和特殊性需求，因而针对性低，吸引力就低，课堂学生参与度也跟着降低，课堂教学因此变成了教师教学内容的单向"播放"，学生没有将所学知识内化，学习效果不佳，教学目标难以达成。

如何运用贯穿于学习全过程中的作业设计，增加心理教学内容与学生实际需要的切合性？唤醒学生的课堂参与度？实现提高学生自主自助和自我教育的心理健康教学目标？成为摆在心理教师眼前的实际问题。

二、理论背景

不同研究者从作业功能、作业类型和作业实施角度将作业进行划分，例如：张丰提出根据作业功能不同，可将作业分为课前引导预学的作业、课堂促进理解的作业、课后锻炼技能的作业以及梳理联系的作业等。

（一）作业功能的多样性

作业功能是指作业在学习进程中发挥的作用，据此可以将作业分成若干类型。比如，引导预学类作业，学生课前开展有意义的预学，可将学习内容与原有认知结构建立联结，为课堂学习做好准备。知识理解类作业，是关于学习要点基本理解的任务，主要帮助学生澄清概念及关键问题，也可以是一些帮助学生记忆巩固的作业。技能掌握类作业，它与知识学习瞬间理解不同，技能（比如英语发音、心理调节方法）的掌握，需要漫长的笨拙期，通过重复练习才能熟练掌握的作业。才干整合类作业，通过梳理帮助学生进行知识整理，以形成良好知识结构，从而使原有认知结构发生质变，并能够灵活迁移到其他问题情境中的作业。

教师如果明白作业功能，在设计作业时就可最大限度地发挥作业的灵活性，如果学生理解作业的目的，也可提升自觉完成作业的效果。

（二）贯穿学习全过程的作业

课前运用引导预学类作业，帮助学生将要学习的内容与已有认知结构建立联结。正如研究者指出学生自己学会的"会"与老师教会的"会"是两种不同性质的"会"，也是两个不同水平的"会"。所以，要鼓励和帮助更多的学生开展预学，教师对学生预习的帮助，体现在预习作业的设计上，通过完成教师设计的预学作业，学生与自身实际水平相联系，明确问题和困惑，为有针对性的听课做好准备。

课堂运用知识理解类作业，帮助学生真切思考、深刻理解、使学习真正发生。正如研究者指出，教师在课堂上最重要的任务不是"讲课"，而是"组织学习"。如何组织学习，促成学习的真正发生，需要通过学生现场完成的随堂作业来实现。例如，记录型作业、思考型作业、反馈型作业等。

课后运用技能掌握类作业和才干整合类作业，进一步帮助学生练习方法，达到熟练水平，内化为习惯，并灵活迁移到实际问题解决的情境中。使学生的学习不仅停留在知识理解的层面，同时掌握方法技能，拥有解决实际问题的能力，促进学科核心素养的形成。

三、以作业设计促进心理教学的案例分析

"学会学习"是心理健康纲要提出的高中阶段教学内容的重点之一，本

节课以专注力为主题，通过改革作业设计促进课堂教学效果的提升。

（一）以往教学设计和存在的问题

以往心理课堂介绍专注力的教学活动包括：引入、知识讲解、方法练习、总结提升四个环节，以期唤醒学生提升专注力的意识、了解专注力的特点、掌握提升专注力的方法、养成调控注意力习惯四个教学目标。然而，在教学实践中难以实现，存在的问题如附表1所示：

附表1　以往教学设计和存在的问题

环节	教学活动	教学目标	存在的问题
引入	列举学生反应的典型专注力困惑： 1. 上课时想认真听讲，但不知不觉走神儿了，等意识到时再回过神来却发现落下好多，听不懂了。 2. 写作业时想专心，提高效率，但总想碰手机，一走神儿就止不住，平时晚上又睡得晚，白天上课更困、更走神儿	结合学生实际困惑，吸引学生兴趣	1. 引入环节难以兼顾学生的典型性和特殊性，即使教师选择的例子再典型，也有覆盖不到的特殊情况，因此仍有部分学生认为"你说的困惑我都没有"。 2. 难以触及学生需要，课堂吸引力低。学生认为没有此类困惑，"讲的内容我不需要"便不再听课，写其他学科作业
知识讲解	介绍专注力的概念和特点： 1. 使用PPT介绍专注力有指向和集中两个维度的概念。 2. 使用简笔画讲解在分散和集中之间不断游移是专注力进化的特点	澄清专注力的特点，从而合理对待自己走神儿的现象	缺乏真正学习的发生。这一环节95%以上的时间教师在进行单向"广播"，学生被动"接收"
方法练习	1. 引导学生参与体验"抓住猴子心"的专注力练习活动。 2. 学生聆听指导语，跟随练习并体验。 3. 教师播放指导语。 4. 练习后学生小组讨论，并分享练习体验。 5. 教师给予反馈和回应	体验一种提升专注力的方法	1. 方法单一、内容单薄、气氛沉闷。本节课只提到这一种提升专注力的方法，事实上，学生知道的方法更多，却没有机会展示，对此方法不感兴趣的

续表

环节	教学活动	教学目标	存在的问题
			同学没有其他选择的机会 2. 低估学生智慧，挤占学生主体地位。只介绍一种方法，潜台词好像在告诉学生，只有这个方法才是最科学有效的，事实上，学生才是最清楚什么是适合自己的方法，应让学生多参与
总结	推荐学生经常练习这种方法，提高专注力，提升学习效率	养成专注的好习惯	教学目标难以达成。随着课堂结束，学生并没有机会再次练习这一方法，什么都没有留下

（二）以作业设计促进课堂教学

究其教学效果失败的原因，本质上是教师只关注"教学设计"而忽视了"学习设计"，因此，尝试使用贯穿于学习过程的作业设计改进教学，促进从教学设计向学习设计的迈进。

课前引导预学作业："世上一切美好源于专注"

本节课重点内容是让学生了解提升专注力的方法，为最大限度地唤醒学生提升专注力的兴趣，课前留给学生用思维导图完成引导预学作业。

通过设计课前作业，为每位学生提供认识自我的机会。从完成思维导图的质量可以看出，每位学生都深度分析了自己在注意力方面存在的问题、困惑和已经尝试的方法，以及其他关于专注力所发散出的想法。通过课前作业，唤醒了每位学生的自我反思，实现了第一个教学目标——唤醒学生提升专注力的意识。

课堂知识理解作业："走神儿的心不快乐"

以往的教学环节中只注重教师教学设计，而忽略了学生的学习设计，改进后的教学环节如附表2所示。

附表2　改进后的教学环节

环节	教师活动及课堂观察	学生活动
引入	筛选最具代表性的预学作业5-6张。每位学生都在关注，学生的真实困扰引起了互动和共鸣（教师占时5%）	学生分享，自己在学习生活中专注力方面存在的困惑和苦恼，已经尝试的提高专注力的方法，以及期待自己专注力改变的目标等（学生占时95%）
知识澄清	紧贴学生的分享，澄清专注力的特点。本身就是不断从集中到分散，因此对于走神儿无须自责。每位学生都在认真倾听，并完成课堂作业（教师占时50%）	学生认真倾听、理解并改变观念、及时记录、完成课堂知识理解作业（学生占时50%）
方法体验	介绍一种新方法。科学证明非常有效的提升专注力的方法，而且是学生没有提到的（教师占时30%）	学生带着好奇和解决实际困惑的心态积极参与，课堂参与度提高（教师占时70%）
总结延伸	布置课后打卡练习作业	学生积极完成，在下节课分享课后练习感受

一方面，学生课堂的参与度提高。通过课堂作业的设计，提供给学生思考、理解、记录体会的机会，学生上课先倾听其他同学的困扰并引发共鸣，而后又集思广益扩展提升专注力的方法，并且及时记录在课堂作业上。学生的注意力持续集中在课堂，学习思考得以真正发生。

另一方面，学生的主体地位得到尊重和充分展现。通过对此教师、学生课堂中的时间占比可粗略分析得知，采用作业任务的课堂，学生的分享、讨论、互动的时间更长，从而真正做到了把课堂还给学生，将学生的智慧充分地展示出来。

课后技能掌握作业："专注力UP打卡活动"

课后使用打卡形式的作业，提供给学生增加练习的机会，督促学生坚持练习，提高方法的熟练程度，从而提高实现教学目标，养成专注力的好习惯。

四、总结与反思

如何通过作业促进学习？改进教学？通过本项研究和实践可以得出：首

先，教师需要清晰作业功能的多样性，并利用好作业这一自主学习的有效工具，促进学生学习的真正发生。其次，教师需要清晰作业贯穿于学习过程的始终，通过改进作业设计，促进课堂教学目标的实现。最后，作业设计需要考虑学生的针对性和学生水平的适切性，在了解实际学情的基础上设计出最适合学生需要的作业内容，始终将学生的主体性和自主性放在首位。

　　本次研究和实践在突出学科特点方面存在不足，心理健康教育有别于其他学科，更加注重方法的掌握和价值观的形成，在知识理解方面相较于其他学科要求较低，因此在设计心理学科的作业内容时，不得照搬照抄其他学科，应尊重学科规律，突出学科特点。

精选　分层　创意
——提高作业实效性的探究与实践

北京市第九中学分校　张纳新

一、问题的提出

长期以来，中学教学中存在着"学生学得苦，教师教得苦"的突出问题，机械、重复、高耗、低效的作业训练模式成为教与学最突出的问题之一。"题海"战术有得吗？肯定有得！——至少巩固了所学知识，也能提高学生的某些能力，拉升学生的学业成绩。有失吗？必然有失！——学生们失却了多少宝贵的休息时间，失却了有益的兴趣与爱好，失却了本应该得到发展的个性和潜能。这与培养学生素质全面提高的教育目标背道而驰。

在新课程标准下，在给学生减负的强烈呼声中，现行的科学课堂教学现状有所改观，但仍然存在一些问题，没有充分体现作业布置的重要意义，需引起教育者的注意。为"减负"只给学生布置少量的课本作业，结果是学生达不到巩固知识的目的，学生基本解题能力差，对所学知识没有条理性。相反，教师用加大作业量的方式来"增效"，一味追求熟能生巧，学生除了要完成课本练习，还要完成大量形形色色的课外习题，从而使学生陷入"题海"之中。面对学生不同的个体，采取"一刀切"方式布置作业，导致学习好的学生"吃不饱"，水平一般的学生难于提高，学习有困难的学生却"吃不了"等。为了按时交作业，也迫于教师的强制性措施，学生要么马马虎虎、草率了事；要么抄袭他人作业；更严重的是学生干脆开始不做、不交作业。其结果是学生做得苦，教师批得累，且收效甚微。

我在数学教学中一直感觉特别困惑，在作业问题上也花费了大量精力，但仍常常会遇到学生抄袭作业、不交作业或者少做作业的情况。甚至还出现了"作业怪圈"现象：一些作业得"优"的同学在阶段测试中却一塌糊涂；周一作业情况最不好，出现了"五+二=零"的怪现象。是由于他们的记忆短暂还是什么人替他们做作业？询问这些同学得到的回答大多是，平时作业大多是问别的同学或干脆是抄的，问其为何要抄作业时，他们不是沉默不语就是"我不会做，只能抄了。"在我所教的两个班的学生中大约有70%的学生喜欢做数学作业并且能认真或较认真完成，而另外约20%的学生干脆抄作业或者根本不完成作业；相当一部分学生或多或少地存在抄作业的现象。这让我不得不重新思考，与其做无用功，不如在作业的内容、结构和形式上做深入地思考。

二、课题研究的目的及意义

著名学者布鲁纳认为："数学作业的反馈—校正过程是保证绝大多数学生充分发挥认知基础特征的一种重要方法。"可见，作业是教学反馈的主渠道，作业的布置、完成和批改是教学的重要环节。做好这些环节，将使学生有效地巩固课堂知识，有利于教师准确地确定课堂教学目标的作用。《小学数学新课程标准》中提到，教学实施要贯彻教为学服务，促使学生爱学、会学和会思考。作业训练实施要大力发挥它在加强基础、促进发展、激发情感、启迪智慧、鼓励创新等方面的作用。有效教学是学校教学的永恒追求；有效作业也是师生的共同理想追求。通过本课题的研究将有助于我们去思考、分析问题背后的问题，使我们教育工作者学会反思、学会创造；将更有助于我们围绕让每个初中生健康成长、全面发展的宗旨，去关注、研究、提升学生课余作业训练的合理性和有效性问题，使学生在课余作业训练的过程中获得基础知识和基本技能的同时学会学习、学会创造，形成正确的价值观，确立自主的尊严，并积聚创新精神和实践能力，获得可持续发展力。

三、课题研究的主要内容

（一）课题研究的重点、难点

重点：通过分层布置数学作业，落实"提高作业有效性"的总目标。

难点：学生水平参差不齐，参加课题研究的三位教师均有一定教学经验，但是缺乏科研方面的经验。

（二）课题研究的基本策略

（1）课题负责人和课题组成员要积极搜寻学生分层完成的作业有关资料（包括作业本、错题本、复习小报）。

（2）加强教师科研工作的培训活动，聘请有关专家对科研工作的目的、意义、研究方法进行指导。

（3）积极探索激励学生完成作业的评价方法，借助"家校直通车"联系卡、"家校通网络平台"等手段，进行作业评价方法的探索与尝试。

（三）研究对象

初一年级学生。

（四）课题研究的基本内容

1.精选内容、精心设计

首先，关注数学作业的"质"，结合课堂所讲内容以及学生的实际情况精心筛选作业，尽量兼顾作业的典型性、系统性和全面性。在作业的选编上既考虑到由易到难、循序渐进的原则，又注意体现启发性、巩固性的原则，切忌信手拈来、滥竽充数的作业布置方式，亦忌布置好高骛远、刁钻怪偏的作业，充分发挥数学作业应有的效能。其次，更要科学地控制数学作业的量。一般说来，在每节课后布置30分钟左右的作业量较为适宜。当然，作业量的确定还受学生素质、年龄特征和所教具体内容等多方面因素的制约，不能一概而论。减少不必要的重复性练习，精心选择辅导教材，为学生布置高质量的具有典型性的作业题，应达到练一题而通一类的效果。

2.作业形式多样化

传统数学中布置的作业均为笔答题型作业，单调的作业让学生感到乏味，降低了学生做作业的积极性，也不利于锻炼和培养学生多方面的技能。因此，我在作业形式上给予变化，实现作业形式的多样化，让学生从多种作业的过程中，体会到数学的趣味性，感觉到数学学习的快乐，从而培养学生对数学作业的兴趣，进而培养数学兴趣。根据《小学数学新课程标准》的基本要求以及班级学生的知识水平，我设计了"必做作业"，即要求每人必须完成的作业，以达到训练基础知识、基本技能的目的；同时针对部分知识水平较好的学生，我设计了"选做作业"，增加学生的知识面，培养学生探索问题的能力；利用数学教材中的"试一试""想一想""做一做"等内容，我设计出"动手实践作业""研究性学习作业"，补充诸如观察、操作、实验、读课外书等的实践性作业，从而进一步提高学生的数学素养和创新精神。

3.作业内容层次化

当今教育具有主体性、个体性、基础性、发展性的基本要素。其中主体性和发展性要求作业必须具有层次性，这样才能适合全体学生，才能满足知识基础不同、智力因素各异的每位学生的需要。数学教学的总体目标及每节课后的作业尺度对全体学生的要求应该是一致的，但实践证明如果对各类学生布置等量的作业，内容上应该适应不同学生的实际能力。因此在备课中，教师可以用不同的记号划出作业中的必答题与选做题，选做题不做统一要求。这样就可以从数量上将定量型改为弹性型，难易上、数量上就有了合理的调控，最终让每位学生都能"跳一跳够得着"，这样不仅可以缓解学习困难的学生原有的心理压力，同时还可以提高学生的探究能力，从而使全体学生都能养成从容一致的作业心态。

对同一问题尽可能多角度设问。设问的梯度由易到难，使学生踏着阶梯一步一步探索上进，让每位学生都能获得不同程度的成功尝试。设问的多梯度性可以帮助学生发掘问题的各个方面，达到深层认识问题的本质，从而培养学生思维的深刻性。

设计阶梯形题组。根据教学内容的需要，精选不同层次的题目，由易到难，按照不同能力要求编成题组，有针对性地设置知识、方法、能力的最近发展区，使学生的思维坡度循序渐进，恰到好处。让学生每解一题，都能亲自体会到其中蕴含的规律，领略到解题的意境和命题的构思。经过这几种方法对作业分层化处理，对于提高学生做好作业的积极性是切实有效的。

4.相关作业批改方面的探究与尝试

（1）课堂检测小练习的设置。

（2）"小师傅"的"一对一"帮教活动。

（3）在作业批改过程中不忘另一支重要力量——学生家长。（没有要求家长参与作业批改）请家长在每个星期内对其孩子的作业态度与自觉性进行监督，家长可以不管孩子答题的对与错，而只关注孩子对待写作业这件事的态度。

（4）适当对作业进行分层，当面批改。

（5）评语激励法，学生作业做得又对又好，除了打上"√"外，还可加上各种评语。如"你真棒！""你的解题思路很有创意！""very good！""you are better!""you are best!""加油！你能行！"等。

四、课题研究的方法和手段

1.调查法

采用问卷调查和访问调查两种方式，对实验学生进行前期与后期调查，了解数学作业有效性的现状，有效的影响因素，作业无效的行为，进行对比分析，以便下一步的研究。

2.行动研究方法

调查分析后，从实际工作需要出发寻找研究课题，边实践边研究，找到影响数学作业的有效因素和方法策略，从而提高学生的数学素养。

3.个案研究法

针对不做作业、抄袭作业或作业中间没有计算推理过程的个别学生进行深入而具体地研究。

4.文献研究法

查阅心理学、教育学等相关资料，进行综合分析，寻求作业有效性的理论与实践创新。

5.经验总结法

及时对在研究过程中取得的经验进行总结，使成果不断加以深化、推广。

6.课题研究的步骤

（1）准备阶段。完成课题研究方案的制定、申报工作，确定课题组成员及分工，进行理论资料的准备、调查分析、收集资料，起草课题实施方案及实施执行计划。

（2）实施阶段。实施课题研究实验，分析班级学生情况进行分组，开始分层布置作业，同时搜集不同水平的学生的资料进行整理归纳，不断调整研究策略。

（3）总结阶段。根据实验材料全面回顾总结，撰写实验报告。

小学数学综合与实践活动的研究

北京市石景山区金顶街第二小学　杨　军

"综合与实践"是数学课程中的一个重要内容，也是一个较新的内容。是一类以问题为载体、以学生自主参与为主的学习活动，以积累活动经验、培养应用意识和创新意识、激发创造潜能为目标的学习活动。实践活动的目的是让学生通过活动有所感悟。在数学实践活动教学中，教师不但要注意学生解决了哪些问题，得到了什么结果，还要让学生通过观察、操作、交流、分析和整理等过程，理解数学问题的提出、数学概念的形成和数学结论的获得。问题是综合与实践的核心，过程是综合与实践的重点。

一、小学数学综合实践活动的教学意义与研究的提出

随着《小学数学新课程标准》的推进，小学生的数学学习应该是现实的、多样化的、有趣的，探索性学习活动应该成为数学学习的主要方式之一。为了改变学生的学习方式，实现数学学习由被动向主动、由枯燥向有趣、由单一向丰富的转变，在数学教学中要积极开展数学综合实践活动。新课标中安排了"综合实践活动"这项新的内容，目的是发展学生的综合实践能力，以培养其创新意识和实践能力。数学综合实践活动课不是可上可不上的附属课，要培养学生的应用意识、创新能力和实践能力，促进学生生动、活泼、主动地发展，就一定要上好数学实践活动课。

二、小学数学综合实践活动的教学宗旨

（一）突出"综合"特点

数学综合实践活动不同于一般的数学活动教学，它以解决问题为抓手，在这个过程中，培养学生发现问题、提出问题、综合运用数学思想方法分析解决生活中问题的能力，激发学生的创新意识，培养学生的数学意识和数学精神。

这种综合不仅表现为数学内部知识之间的内在综合，数学知识与现实世

界和其他学科之间的综合，还表现在学生分析和解决问题过程中各种能力、各种方法、各种工具的综合运用。综合实践活动要突出"综合"这个特点。它有两层含义：一层指综合运用所学的数学知识解决生活中的问题，另一层指把数学和其他学科知识联系起来解决实际问题。

让学生随同家长到超市购物一次，解读购物小票的信息。这个活动的设计综合了语文、数学、美术等有关知识与方法。

（二）突出研究的"问题"

问题来源于数学内部的综合与实践、数学与其他学科的综合与实践、数学与日常生活的综合实践，数学综合实践活动是丰富多彩的，要有效地开展实践活动，要紧密结合学生学习的数学现实和教材进度，易于学生操作。这就要求教师要合理地选择内容和时机，调动学生学习的积极性，切实改变学生的学习方式，提出值得研究的问题。如我曾组织的"南马场水库中的数学问题"，以学生现实的区级实践活动设计为题材，让学生综合运用距离与步数、步长的关系以及面积等知识深入了解南马场水库的相关知识，步测了南马场水库木栈道的长度，活动中的一系列的实际问题让学生乐于参与，也让他们解决问题的能力悄然提升。再如：租车问题、租船问题、购买食品问题等都综合应用了所学知识解决了现实生活中的问题。

这次综合实践活动，学生巧妙地研究了租车问题、购票问题以及一日参观喝饮料的问题。他们经历了统计人数、问询票价、认真计算、绘制统计表的全过程。面对众多的数据学生们震惊于所需费用的数额之大。教师适时地引导孩子珍惜每一次外出参观实践的机会。根据喝饮料的数据同学们也展开了激烈地辩论，对同学们多饮用白开水给予了适当的引导。

上述问题的研究，既巩固了数学知识，又发展了能力素养，更重要的是使学生认识到学习数学知识在生活中有用，生活中处处有数学。

所以我对"综合实践"的理解是：教师创设活动情境，引导学生去探索，以培养学生的创新精神和解决实际问题的能力；让学生深入实践，自己收集材料，进行分析研究，有效的数学学习活动不能单纯地依赖模仿与记忆，动手实践、自主探索、合作交流是学生学习数学的重要形式。因此，综合实践活动更强调在数学课中研究现实生活问题，在现实生活中探索数学知识。

（三）突出了"过程"的自主参与

"综合与实践"的实施是以问题为载体、以学生自主参与为主的学习活动。它有别于学习具体知识的探索活动，更有别于教师的直接讲授。它是教师通过问题引领，让学生全程参与实践过程，经历相对完整的学习活动。它的核心是学生在教师的引导和帮助下有目的地、自主地参与实践活动。

数学实践活动的主要学习方式是研究性学习。在活动过程中，我们逐步摸索出一般性的研究性学习的步骤：一是创设情境，提供背景；二是发现问题，提出问题；三是探索研究，解决问题；四是汇报交流，启发深究；五是评价激励，收获成果。

培养学生有一双数学的眼睛，一个数学的大脑，才能使学生摆脱过去依赖思想和模仿、记忆的学习方式，使学生的数学学习过程真正是一个生动活泼的、主动的和富有个性的过程。比如，教学周长的认识时，我让学生借助动手围一围、摆一摆、测一测等形式亲自体验，在对周长有初步的认识后再让学生们说一说什么是周长，最后教师再归纳总结。从而对周长形成科学的认识。另外，综合实践活动的目的是通过学生的自主探索、合作交流，提高综合运用所学知识解决实际问题的能力。只要能达到目的，我认为组织活动可以不定地点、不拘形式、提倡民主、尊重个性。活动地点可以在校内，也可以在校外进行。教师可以在教室内通过多种教学手段创设活动情境，引导学生参与活动；也可以组织学生到操场、工厂、田间、地头进行实地测量、观察等活动；活动形式可以是个人活动、小组活动、全班活动，也可以把这三者结合起来；活动组织要充分体现民主，尊重个性。

三、人教版四年级综合实践活动的设计

学科：数学	第七册	10%课时：学时（6）	
学科综合实践活动的具体设计			
时间	内容		学时
9月25日	走进石景山图书馆　结合"大数的认识"的知识记录科技类、文学类等书籍的册数情况		1
10月22日	看话剧：利用估算知识，估计剧场座位数量，再进行准确计算，进行对比		1

续表

时间	内容	学时
11月13日	神奇的莫比乌斯带动手实践操作	1
11月24日	走进中国科技馆，结合面积单位，估计中国科技馆各馆的占地面积以及图形在制作木偶中的应用	1
12月18日	进入社区进行表演：请社区人员对学生表演的木偶剧节目进行评价，对评价结果进行统计，制作成统计图	1
12月25日	数学故事会	1

（数学）学科四年级大作业设计

	时间	作业的内容（数学四年级）	作业形式
1	第一周	生活中的大数	读、写、画、拍
2	第二周	1亿有多大	写出一亿有多大的感受
3	第三周	查找各省市或公园占地面积	写、上网下载
4	第五周	角的世界	画一画
5	第六周	三位数乘两位数数学医院	病程记录
6	第七周	超市中的数学	解读购物小票
7	第八周	行程问题	出游日记
8	第九周	平行四边形、梯形	手工制作
9	第十周	除数是两位数除法的计算	写出自学中的问题
10	第十一周	除数是两位数除法医院	病程记录
11	第十二周	除数是两位数除法的计算	计算题展示
12	第十三周	统计本班同学生日月份	绘制条形统计图
13	第十四周	合理安排时间	数学日记
14	第十五周	设计一次公平的数学游戏	设计方案
15	第十六周	数学闯关	数学闯关检测题

续表

学科：数学	第八册	10% 课时：学时（6）

学科综合实践活动的具体设计		
时间	内容	学时
3月21日	以生活情景自编加减乘除解决的问题	1
4月14日	看话剧：利用估算知识，估计剧场座位数量，再进行准确计算，进行对比	1
5月24日	走进法海寺，结合身边的景物进行我爱家乡石景山的教育，了解石景山悠久的历史文化，用数据说明出来	1
6月9日	请学校食堂人员讲解我校合理配餐问题，学生合理汇报营养午餐的数据。调查本班学生最喜欢的各套套餐，绘成统计图	2
6月24日	数学实践作业展览	1

（数学）学科四年级大作业设计			
	时间	作业的内容（数学四年级）	作业形式
1	第二周	理解加减乘除的意义	自编题解
2	第四周	简便计算我能行	简算类型题汇总
3	第五周	数学医院	病程记录
4	第六周	生活中的小数	手抄报
5	第九周	数学名题赏析	解鸡兔同笼方法集锦
6	第十二周	三角形的外角和	作品展示
7	第十三周	模拟商店	数学日记
8	第十四周	美丽的轴对称图形	绘制作品赏析
9	第十六周	复式条形统计图	统计图作品
10	第十七周	营养午餐	方案设计

综合实践活动，作为小学数学教学的一个内容，在突出综合性、强调实践性的同时，还要体现数学学科的特点。即从数学的角度去提出问题、理解

问题，用数学的思想、数学的思考方法去研究问题。综合实践活动是一种新的教学形式和学习方式，我们将不断研究、不断改进、逐步完善，使实践活动能真正促进学生的发展，人人都能获得良好的数学教育，不同的人在数学方面得到不同的发展。

小学低年级数学有效性作业设计研究

北京市石景山区金顶街第二小学　罗海华　杨　雪　梁素霞　吕　颖

一、研究背景

课堂教学改革走过了一个从传统低效、负效课堂向现代有效、高效课堂的发展过程。通过改变课堂结构，最大幅度地提升单位时间效益，让每一分钟都有价值意义。新课改主张的"自主、合作、探究"正是高效课堂的"六字箴言"。而作业是课堂教学的补充和延续，是巩固课堂教学、提高学生学习成绩的一个重要组成部分，是教师用来检查教学效果、指导学生学习的教学手段之一，是培养学生综合运用语言能力的有效途径。作业是学生课堂学习之外最主要的学习方式之一。课堂上所学的知识，要通过作业来巩固并掌握，进而化为学生的能力并取得进步。也就是说，作业是学生掌握所学知识、形成能力、成长进步的有效手段。而现行作业设计中存在着一些问题。如：作业内容上，重知识再现，轻知识运用；作业形式上，重统一规范，轻个性发挥；作业评价上，重标准答案，轻思考过程；作业目的上，重巩固测试，轻导学激励等，作业的有效性没有凸显出来。

对于教师个人而言，作业布置的科学性和有效性差异很大。有的教师布置作业较为随意，目标失度，任意拔高或降低作业的难度，导致学生复习巩固比较茫然；有的教师过多追求机械式作业，在作业量上有些失控，练习量虽大却泯灭了学生学习的兴趣；有的教师课外作业多于课内作业，书面作业多于实践作业，识记理解作业多于表达运用作业，形式求新求异却不落实等。

对于学生而言，最突出的表现就是作业多，需要花费的时间长，作业完成质量、效率不高。因此，学生作业的完成就分为这样几种情况：为了完成而完成，不能达到老师预期的目的；只限于完成简单易写的作业，完成感兴趣的作业，而放弃能力型、实践型的作业；只完成硬性作业，而不完成软性弹性作业；只完成某一科目的作业等。

因此，我们小学低年级数学组以作业有效性为突破口，本着减轻学生的课业负担，尊重学生的认知水平和发展规律，尊重学生的差异，培养学生的基础——可持续学习力为目标，进行小学低年级数学作业有效性的实践与研究，提高课堂教学质量，使每个学生在数学方面都得到发展，提升学生数学素养。

二、低年级数学有效性作业设计类型

（一）亲子互动型作业

低年级孩子独立、自主的学习能力较弱，喜欢以游戏的形式完成作业，且期盼家长的陪伴。家长也想更多地了解孩子的学习情况。

一年级学生学习了10以内加减法后，设计了利用数字卡片玩游戏的作业。游戏规则：1.每人出一张数字卡片，数字卡片较大的同学说加或减，数字卡片较小的同学说得数。2.说对得数的同学出两张卡片，说加或减，得数错的同学说得数。3.玩游戏的两个人也可以自行约定规则。学生很喜欢这个游戏，每次数学课前孩子们都会自觉地玩起来，口算正确率和速度都提高了。

（二）生活实践型作业

《小学数学新课程标准》中指出："教师应该充分利用学生已有的生活经验，指导学生把所学的数学知识应用到现实中去，以体会数学在现实生活中的应用价值。"学习数学知识是为了更好地服务于生活、应用于生活，学以致用。把作业与生活实践连接起来不仅有助于学生体验数学在现实生活中的价值，还有助于学生实践能力的形成。

在教学一年级人教版上册"比多少"时恰逢中秋佳节，我为学生设计了"调查了解月饼的大小、形状、种类"的实践作业。学生在家长陪伴下通过走进超市、上网了解、亲身参与月饼的制作过程、把月饼装盒等实践活动，学生们不仅学会了"比多少"，还知道了月饼有大有小，品种多样，形状各异，又了解到中秋佳节不同地域风俗习惯不同，感受我们中华民族传统文化的博大精深。通过完成此次实践活动作业，学生们认识到生活中处处有数学，能用数学的眼光观察生活，发现问题、解决问题，拓展学生的视野，提升学生数学素养。

（三）突显个性形作业

作业一：

低年级学生以形象思维为主，喜欢用说一说、摆一摆、画一画等形式表达自己的想法。在学习了1-5的加减法之后，为了解学生对加减法意义的了解及掌握情况，我让学生们用自己喜欢的方式表达"1+4"和"4-2"两个算式的意义，学生们表现得都非常积极。有的学生用学具边说边摆，有的学生用画实物图或几何图形来呈现自己的理解。表征加法意思时：有的学生用集合圈、有的学生用大括号。表征减法意义时：有的学生用虚线框、有的学生用画斜线等方式。这样的作业自由开放，学生们很喜欢，每个学生上交的作业都不一样，看着学生们交上来的作业我很惊喜，惊喜于学生丰富的想象力和无限的潜能，惊喜于学生超凡的个性……

作业二：

二年级学生学习了"认识钟表"后，为了让学生加深对时间的认识，建立时间观念，在生活中学习认识时间，我为学生们设计了"快乐的周末"的作业。要求：先回忆自己周末的一天是怎样度过的，设计一份合理的作息时间。

（提示：在A4纸上用画一画的方式记录。）

作业三：

低年级学生想象力丰富，喜欢听故事、爱讲故事。在学习了"位置"后，设计看图编故事作业。利用人教版一年级上册教材中11页第3题材料，用前、后、上、下编故事。学生把自己编的故事讲给家长听，通过微信讲给大家听或请家长帮助录音放给同学听。每次听到自己创编的故事播放给大家听时，同学们可骄傲了！

龟兔赛跑（示例）

一年级（3）班　王一轩

一天，兔子碰到了乌龟。兔子说："乌龟，咱们比赛跑步吧!"乌龟说："好啊!"它们请来了三个观众：小猴子、小松鼠还有小鸟。小鸟在小猴子的上面，小猴子在小松鼠的上面，小松鼠在小猴子的下面，小猴在小鸟的下面。小猴子一吹哨，兔子和乌龟就开始跑。没一会儿工夫兔子就跑得不见踪影，乌龟却还在慢悠悠地爬着。当兔子跳到赛程路段一半时，它发现一棵特别粗壮的大树。于是它想："我先睡一觉，在这儿等着乌龟吧！反正乌龟又超不过我。哪怕乌龟超过我，我也能再跑到它前面去。"于是兔子就睡着了。

等兔子睡醒了它发现乌龟就快要到达终点了，兔子赶忙用最快的速度向前跳去。可是乌龟已经爬到了终点。最后乌龟胜利了！兔子羞愧地说："以后，我再也不会骄傲了。"

三、低年级数学学生作业有效性实施方案及评价标准

（1）一年级数学学科"会用自己喜欢的方式表示1+4、4-2的意义"。有效性作业方案及评价标准。

学科特点	小学数学教学内容取材于学生熟悉的现实生活，借助于学生已有的生活经验。 在丰富多彩的数学学习活动中，通过自主探究、合作交流、实践创新，获得适应未来社会生活所必需的数学基础知识、基本技能、基本思想和基本活动经验，形成发现问题、提出问题、分析问题、解决问题的能力，增强学生学好数学和会用数学的信心
课标（《北京市中小学学科改进意见》）要求	《北京市中小学学科改进意见》中指出：小学数学教学要使学生既长知识又长智慧。因此，数学教学历来要求在加强基础知识的同时，把发展智力与培养能力放在重要的地位。在教学中，既要重视一般能力的培养，也要重视数学能力的培养。数学能力是一个复杂的整体结构，根据数学学科的特点，小学数学阶段应培养学生具备计算能力、初步的逻辑思维能力和空间观念，以及运用知识解决简单实际问题的能力
学情分析	一年级学生刚入学，对知识充满着好奇心、求知欲。形象思维占主导。在学习过程中，注意力集中时间短，沉浸在自己的想法中，不会听其他人的意见，语言表达不清楚
作业形式	综合性画一画
单元（课题）	主要教学内容	落实相关要求	作业要求
加减法的初步认识	用多种方式表示加、减法算式的意义	会用自己喜欢的方式表示1+4、4-2的意义	说一说、摆一摆、画一画表示加、减法算式的意义

根据实际情况制定作业有效性评价标准

评价维度	具体指标	具体阐述
作业内容	作业与教学目标的联系	能用自己喜欢的方式表征加、减法算式的意义
会用自己喜欢的方式表示 1+4、4-2 的意义	课标（学科改进意见）要求	掌握必需的数学基础知识和基本技能
	与学习内容的联系	用不同方式表征加、减法算式的意义
作业形式	摆一摆、画一画、说一说	活动作业、画图、照片
	预计完成作业时间	15 分钟
	实际完成作业时间	20 分钟
作业功能	检查和巩固	通过课堂展示进行检查
	深化和提高	在生生交流中丰富学生对加、减法意义的理解
	体验和发展	人人参与，积极展示
作业效果	有效果	学生乐于动手操作
	有效率	提高了教学效率
	有效应	学生能够主动学习，喜欢数学

（2）一年级数学学科"比多少"有效性作业方案及评价标准。

学科特点	小学数学是学生自己的数学、生活化的数学、不同于科学数学、大众数学而非精英数学
课标（《北京市中小学学科改进意见》）要求	数学课程理念和目标对义务教育阶段的数学课程与教学具有指导作用，教学内容的选择和教学活动的组织应当遵循这些基本理念和目标
学情分析	低年级学生对数学课的学习有着强烈的愿望和热情，但如何科学、有效学习，需要教师进行一定的学法指导
作业形式	综合性、趣味性、广泛性

单元（课题）	主要教学内容	落实相关要求	作业要求
1-5 的认识	比多少	寻找月饼中关于 1-5 的知识	根据自己对月饼资料的查找进行画图

根据实际情况制定作业有效性评价标准。

评价维度	具体指标	具体阐述
作业内容	作业与教学目标的联系	通过查找资料，了解月饼种类，会数数，能比较多少
	课标（学科改进意见）要求	掌握必需的数学基础知识和基本技能
	与学习内容的联系	能够查找和数清楚月饼的种类，比较大小、多少
作业形式	书面、口头作业，阅读作业、活动作业、实践作业、探究性作业等	活动作业、画图、照片
	预计完成作业时间	15 分钟
	实际完成作业时间	20 分钟
作业功能	检查和巩固	通过课堂展示进行检查
	深化和提高	在课堂上利用给月饼进行包装，发现"一一对应"，并进行比多少的认知
	体验和发展	人人动手，比较多少的方法
作业效果	有效果	学生乐于动手操作
	有效率	提高了教学效率
	有效应	学生能够主动学习，喜欢数学

(3)二年级数学学科"认识几时几分"有效性作业方案及评价标准。

学科特点	小学数学教学内容取材于学生熟悉的现实生活,借助于学生已有的生活经验。在丰富多彩的数学学习活动中,通过自主探究、合作交流、实践创新,获得适应未来社会生活所必需的数学基础知识、基本技能、基本思想和基本活动经验,形成发现问题、提出问题、分析问题、解决问题的能力,增强学生学好数学和会用数学的信心
课标(《北京市中小学学科改进意见》)要求	《北京市中小学学科改进意见》中指出:小学数学教学要使学生既长知识又长智慧。因此,数学教学历来要求在加强基础知识的同时,把发展智力与培养能力放在重要的地位。在教学中,既要重视一般能力的培养,也要重视数学能力的培养。数学能力是一个复杂的整体结构,根据数学学科的特点,小学数学阶段应培养学生具备计算能力、初步的逻辑思维能力和空间观念,以及运用知识解决简单实际问题的能力
学情分析	二年级学生入学一年,对自己生活中的事物更感兴趣。孩子有一定的绘画能力,也喜欢用漫画的形式表述出来
作业形式	数学小报

单元(课题)	主要教学内容	落实相关要求	作业要求
认识时间	认识几时几分	用漫画的形式记录一天中几个重要时刻	画出钟表;记录时刻;描述该时刻所做的事情

根据实际情况制定作业有效性评价标准

评价维度	具体指标	具体阐述
作业内容	作业与教学目标的联系	巩固所学知识,加深了对几时几分的认识
会用绘画的方法认识几时几分	课标(学科改进意见)要求	掌握必需的数学基础知识和基本技能
	与学习内容的联系	巩固所学知识
作业形式	画一画、说一说	数学小报
	预计完成作业时间	20分钟
	实际完成作业时间	25分钟
作业功能	检查和巩固	通过课堂展示进行检查
	深化和提高	使学生体会到时间的宝贵,从而知道珍惜时间
	体验和发展	人人参与,积极展示
作业效果	有效果	学生乐于动手操作
	有效率	提高了教学效率
	有效应	学生能够主动学习,喜欢数学

浅谈小学数学作业有效性设计的实践研究

北京市石景山区金顶街第四小学　张秀辉

新课标对学科教学提出了与时俱进的新要求，并且其新理念渗透进了学科教育教学的方方面面，甚至也体现在了学科作业的设计和讲解中。数学作业是教者检测掌握了解自身"教"活动组织功效的第一手资料，同时也是巩固、强化、锻炼学生主体"学"活动效率的最有效抓手。教育学指出，小学数学作业的有效设置，能够进一步推动学习对象将所学知识转化为技能、策略、发展。

数学学习活动是一个以学生已有的知识和经验为基础的主动建构过程，学生原有知识状况、学习水平直接影响新知的学习、知识技能的迁移。课堂上教师就能有效地组织课堂交流和分享活动，帮助学生归纳梳理与总结，及时巩固练习，达到良好的教学效果。

我们学校数学课题组，进行了对基于数学知识本质，探究作业有效性设计的实践研究。通过实践研究，使之更新了我的作业设计理念，拓展了作业的内容和形式，建立起了以生为本的现代作业观，形成小学数学作业设计的有效策略。了解学生的思维发展水平和已有的知识经验基础，使之有针对性地指导课堂教学。通过这三年的课题研究，我有了一些感悟。

一、认真分析，有效研读

对小学数学教材的深刻理解、全面把握是上好课的基础。学生是课堂教学的核心，是教师教育教学的重要依据，教师所组织和设计的各类教学活动，都必须紧密联系学生主体的学习实际情况。教学设计的成效如何，完全取决于教师对教材的理解，对学生情况的了解。这就要求我们的备课不仅仅是备教材，还要备学生，更要注重课堂教学的预设与生成现象。备课时，要明确该教材在整个体系中的作用、地位；明确重点、难点及关键，全面把握，整体了解，寻找和挖掘小学数学教材中的情智因素和发展学生创新思维的开发区、开发点，使自己站在一个战略制高点上认识和把握学生。而且，数学作业的设计及教学同样也非常重要，要找准本册教材的数学知识本质，设计好课前、课中、课后的探究作业。合理有效的作业设计有利于学生更好地掌握知识和技能，进而使学生在思维、情感态度与价值观等多方面得到全面提高和发展。

二、结合课例，有效设计

课堂教学的根本目的和核心任务是锻炼好、培养好学习对象的数学思维、探究、归纳等方面能力和素养。数学作业作为教师"教"目标要求的承载体及学生"学"思维研析的探究体，必须将数学作业在锻炼培养学生主体技能方面的独特功效予以展现和发挥，结合教学目标及学习重点，设计出具有探究、探索特性的数学习题，同时在其讲解时提供学生亲自动手实践、亲自探究研析的活动时机，切实锻炼和提高他们的思维、分析、解答等能力，促进小学生数学学习能力的发展。

结合学校数学课题的研究方向，我在空间与图形方面进行探究作业有效性的研究。重点研究了《认识面积》一课，通过备课、设计了课前、课中和课后的作业。

作业类型	作业内容	设计目的及拟创新点	实施方式	完成情况
课中	1.下面图形的面积各是多少？ 2.先用红笔描出每个图形的一周，再涂色表示出它们的面积。	1.加深对面积的认识，用数值刻画面积的大小，体会一个图形中含有几个面积单位，它的面积就是几（个单位），感悟单位的价值。	课堂练习	1.第1题，全班31人，全对的有28人，占90.3%。学生会通过数正方形的方法，不足一个单位的，可以拼在一起后再计算。

续表

作业类型	作业内容	设计目的及拟创新点	实施方式	完成情况
	3.下面是从同一幅中国地图上描出的三个省（直辖市）的轮廓图，比较这三个省（直辖市）的面积大小。 四川省　北京市　河南省	2.区分周长与面积的概念，明确曲边图形也有面积。会进行面积大小的比较，巩固面积概念		2.第2题，全对的有31人，能够描出周长，把面积进行涂色。从而说明掌握了面积的概念。 3.第3题，全对的有31人，学生已经认识到曲边图形也有面积，能够先描出轮廓图，再比较面积的大小

　　课后我进行了反思，感觉到课中的作业设计的探究活动，从课堂实施的情况来看效果很好。符合学生的认知，采用多种方式建立面积的概念，做到了动作表征与语言表征相结合。让学生经历拼摆和选择的过程，感悟用正方形作面积单位的合理性。

　　其实数学作业是课堂教学的复习与巩固，也是课堂教学的延续和补充，是学生学习数学、发展思维的一项经常性的实践活动，也是检验学生独立完成学习任务的主要形式。在"数与代数"领域中，除数是整十数的笔算除法一课的研究，使我更加了解了学生的基础，包含学习起点与知识起点，找准教学的切入点。

作业类型	作业内容	设计目的及拟创新点	实施方式	完成情况
课前	1. 填空。 三位数除以一位数时，从（　）位除起，除到哪一位，（　）就写在那一位的上面。 2. 计算下面各题。 132÷4= 875÷5= 92÷30=	检测学生对除数是一位数的除法的计算方法的掌握情况	卷子测试	67%的学生正确地完成第1题填空。 65%的学生第2题计算完全正确。课前的探究活动中，对于除数是一位数的除法的计算方法，掌握得较好。笔算方法正确，书写格式规范。能够归纳除数是一位数除法的计算方法。92÷30=　　，这道题只有9.7%的学生将商的位置正确地写在了个位上，也知道在92的下面写出30×3的乘积来。说明90.3%的学生不会进行除数是整十数的笔算除法
课中	92本连环画，每班30本，可以分几个班？ 92÷30=	探究算理，通过讨论明确确定商的位置的方法	自主探究小组讨论	1. 估算解决。2. 借助小棒图直观展示。3. 学生先自主尝试，解决列竖式的方法。再以小组为单位讨论、交流列竖式计算。明确商3写在个位上的算理
	30÷10= 40÷20= 64÷30= 85÷40=	放手尝试，逐步掌握除数是整十数的除法的笔算方法	课堂练习	在练习中，更加深入地理解算理。找出易错的知识点，及时纠正。掌握除数是整十数的笔算方法
	178÷30=	利用已有的知识解决问题，探究笔算方法，实现知识间的相互联系	独立完成	试着列竖式，讨论：被除数的前两位不够比30小，该怎么办？讨论明确：被除数的前两位不够除时，要看被除数的前三位
	140÷20= 280÷50= 565÷80= 324÷40=	放手尝试，掌握除数是整十数的除法的笔算方法	课堂练习	在练习中，更加深入地理解算理。找出易错的知识点，及时纠正。掌握除数是整十数的除法的笔算方法

续表

作业类型	作业内容	设计目的及拟创新点	实施方式	完成情况
课后	1. 计算小神童 420÷60= 102÷30= 380÷70= 364÷90=	检查整十数除三位数，商是一位数的笔算方法。使学生熟练除数是整十数笔算除法的技能	卷子测试	正确率90%，商的书写位置正确，计算准确。做题速度快，说明课堂上理解和掌握了除数是整十数笔算除法
	2. 解决问题 要运走480吨货物，每节车厢限60吨，需要多少节车厢？590吨呢？	明确用除法解决，体验除法在生产生活中的应用价值	卷子测试	第1问正确率100%。 第2问正确率93.5%。 590÷60= 1人错商成了8，说明口诀不对。1人把590抄成了580，致使商错

三、探究精简，设计有效

作业类型对于提高作业的有效性有着至关重要的作用，通过对学生的调查分析，我们可以设计这样几类作业：基础型作业（目的在于检测全体学生对新学知识点的掌握程度），提高型作业（这类题目比较开放，主要针对一些比较优秀的学生，是课堂教学的拓展与延伸），实践型作业（主要作为学生的课外作业，把数学知识合理地运用到实际生活中去，挑战学生的实践能力和合作能力），自主研发型作业（在课堂上有意识地让学生自主编题，不但能让他们更好地掌握课本知识，而且能激发他们学习的热情）。这四类作业如果能很好地设计与运用，就能提高学生数学学习的质量。

作业设计要少而精。有效课堂作业设计不仅要有习题数量的保证，更要有作业质量的保证。努力做到作业少而精，确保练习一步到位。心理学研究证明：第二次重复学习，识记效果提高18%，第三次重复学习，识记效果提高7%，第五次重复学习，识记效果为0。由此可见，练习次数绝不是越多越好。

还要触类旁通。力求以数量相对较少的练习获得知识的全面到位，方法全面掌握，智力能力有效提高，从而达到练习的优化及以少胜多的目的。

总之，数学作业的设计应由单一的书面机械重复的练习向多层次、多形式、开放型、自主型的方向转变。使学生的兴趣在作业中培养，知识在作业中升华，能力在作业中提高，思维在作业中发展，正确的价值观在作业中逐步形成。作业设计过程要真正体现学生的智慧、知识、能力、情感、态度、价值观的生成。

六

"概念图"才露尖尖角

北京市石景山区金顶街第二小学　金艳芝

在北京师范大学马宁教授的介绍下，我与"概念图"相识。概念图（concept map）是一种以科学命题的形式显示概念之间的意义联系，并用具体事例加以说明，从而把所有的基本概念有机地联系起来的空间网络结构图。

在我看来"概念图"是一种帮助学生梳理与某一主题相关的语言知识的工具。对于从教二十余年，个人教学水平进入瓶颈的老教师，庆幸能与"概念图"相识。我开始在课堂上尝试运用概念图，不知不觉中我的课堂悄然发生着变化。

"概念图"首秀——复杂、呆板

在三年级上册Unit1的复习课中我第一次在课堂上运用以"ME"为主题的概念图，一开始我非常得意自己的"首秀"，自认为结构清晰，信息量大，语言运用丰富。但当孩子们看到屏幕上复杂的概念图时却有点懵了，他们不知道老师究竟要做什么，更不知道从何说起，如何表达。我的挫败感油然而生。

我的反思：

我太心急，急于把自己喜欢的东西介绍给孩子们，而忽略了八九岁孩子们的接受能力。孩子们的作品可想而知，几乎都是在模仿我，上交的作业呆板得很，我感到有些失望。因为要参加区教学大赛，我鼓起勇气进行了又一次尝试。

"概念图"再尝试——简单、实用

这是一节单元复习课，我利用概念图将本单元的重点词汇、交际用语进行了梳理，概念图贯穿整个课堂。

在导入环节利用"概念图"当作Freetalk的支架，进行师生对话，简单、自然地谈到了授课当天的日期、天气、课程。我和孩子们在概念图的帮助下进行着流畅的交流，孩子们表达流利。

运用交际用语：What's the date today?

What day is today?

What subjects do you have today?　What's the weather like today?

词汇涵盖了月份、天气和学科。

本课主题为介绍家庭，我将Family这一主题分成三部分进行复习

第一板块：介绍自己

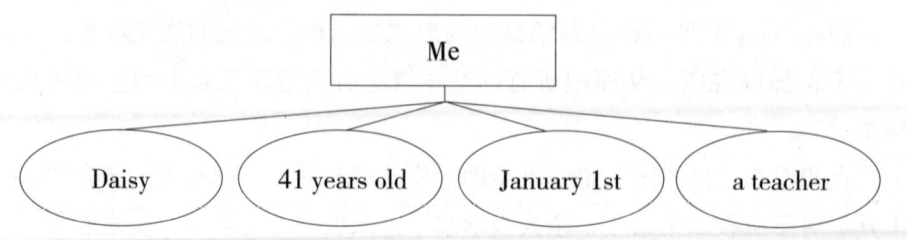

```
              Me
    ┌──────┬──┴──┬──────┐
  Daisy  41 years  January 1st  a teacher
          old
```

第二板块：介绍妈妈

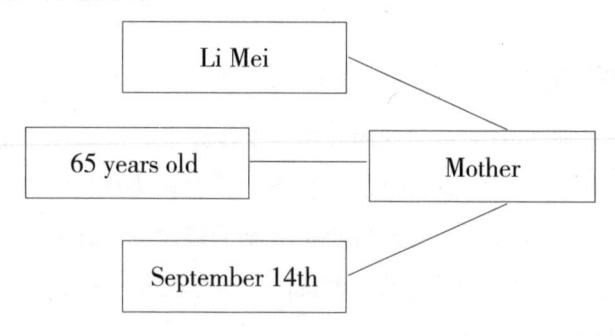

```
        Li Mei
              \
               \
   65 years old ── Mother
               /
              /
     September 14th
```

第三板块：介绍爸爸

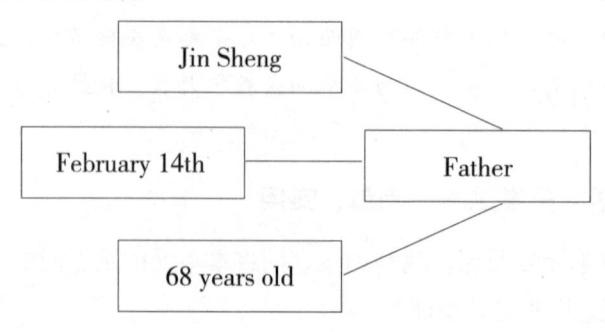

```
      Jin Sheng
              \
               \
  February 14th ── Father
               /
              /
     68 years old
```

学习过程中运用了相当丰富的交际用语：What's your Chinese name?

What's your English name? How old are you?

When is your birthday? What's her/his name? How old is she/he?

When was she/he born?

在板书上我与学生们不断丰富着我们的对话，最后形成了板书上完整的概念图，孩子们也在老师的引导下完成了自己的概念图，学生在教师示范的基础上，介绍自己家庭成员的基本情况。

我的反思：

在复习课中运用概念图帮助学生建立相关单元的联系、复现和滚动。教材中的各个单元内容看似零散，实则知识间联系紧密。作为教师我对单元所学内容进行了分析综合、归类，将相关的内容放在一起，作为一大主题进行复习，将学生已有信息图像化、结构化、建立新旧知识之间的联系，帮助他们对语言知识形成连贯的、模块化记忆，形成系统，从而达到运用语言的能力。创设真实的谈论家人基本情况的交际情景，刺激学生自己组织语言主动提问，培养学生在真实语境中运用语言的能力。孩子们课堂积极参与，借助概念图语言表达有了一定的逻辑性，也为我树立了继续在课堂上运用概念图授课的信心。但此次尝试，图形简单、实用，似乎缺少些个性与美观。

"概念图"露尖角——美观、个性

在第四单元的复习课上我设计了以"season"为主题的概念图，借助概念图我和孩子们谈论了四个季节的天气、穿着和活动。课后布置了制作以"season"为主题的概念图的作业，我鼓励孩子们可以设计配图，并围绕主题制作出富有个性的概念图。

学生在描述概念图的过程中语言逐渐丰富，可以说出完整的一段话：There are four seasons in a year. They are spring, summer, autumn and winter. I like summer. It's in June, July and August. It's hot and rainy. I can put on my beautiful dress. I go swimming.

我的反思：

课堂上学生的参与时间是有限的，通过布置作业，让学生们围绕一个学习主题制作概念图，归纳与主题相关的词汇、交际用语，借助自己作品进行主题描述。这样既改变了传统抄写作业模式，也为学生表达自己的观点提供了言语支架，通过课堂上的作业展示帮助学生树立了口语表达的自信心。

我的其他尝试：

除了将概念图运用，我还做了有关教材梳理方面的尝试，在参加北京市教材培训的发言中我就大胆运用了概念图，得到了与会教师和专家的认可。

本单元的课时分配

在课堂上的一次次尝试，于我而言只是一个开始。在运用概念图教学的过程中，我认识到了它的魅力：直观性强，富有逻辑性。同时孩子们在运用概念图表达的过程中，语言不断丰富，表达逐渐完整。在制作概念图的过程中，孩子们也找到了展现自己绘画天赋的机会，而且非常乐于用这种方式将自己的课外所学进行展示，孩子们英语口语表达的自信心在不断增强。

七

优化作业设计，开启学生潜能

北京市石景山区金顶街第四小学　王　然

一、布置英语作业的必要性

小学生英语家庭作业是课堂教学的补充和延续，对于巩固课堂教学、提高学生的学业成绩、培养小学生的英语学习能力起着重要的作用。因此，我们要重新定位小学英语家庭作业在英语教学中的作用，提高教师、家长和学生对英语家庭作业重要性的认识。语言是交流的工具。英语作为一种语言，除了课堂学习之外，学生平时很少有相互交流的机会。教师设计家庭作业可以为学生提供练习和巩固英语知识的机会，同时也引导学生为自己创造学习英语的环境。学生通过说儿歌、自编对话、做学具等活动，在完成英语家庭作业的过程中，检验自己对知识的掌握程度，逐步提高学习技能，养成自觉听读英语的好习惯。不难看出英语家庭作业在学生的学、教师的教以及家校联系等方面起到了重要作用，因此英语教师要充分认识英语家庭作业的重要性和必要性，以更宽广的视野从多方面、多层次来定位家庭作业，使英语家庭作业成为培养学生能力、发展学生智力、增进家校联系的中介，达到学校、家庭和社会对学生教育合力的目的。

二、传统作业布置中存在的问题

英语作业很重要，然而传统英语作业主要以古板的抄、读、背的形式呈现，限制了学生知识视野的扩展和思维能力的发展。布置的作业内容与学生实际生活相距甚远，这样的作业一方面成了学生们沉重的负担，另一方面也严重扼杀了学生学习英语的兴趣，更严重的是这样的作业内容和形式可能会造成学生厌学的心理。存在的主要问题有：

形式单一：在新授课结束后，老师接下来要求学生做的就是拿出抄写本，抄写课文中要求掌握的单词、词组或者句子。久而久之，还没等老师布置作业，学生会在上课之时提前将作业抄好。

目标单一：通过反复抄单词和句子，只为让学生掌握这些单词和句子的书写形式，能够在听写、测验和考试时应答如流。

要求单一：布置给学生的课外作业，每位同学都必须完成，少抄被视为偷懒，多抄则是没听清楚老师的交代。

英语课程改革指出："强调课程从学生的学习爱好、生活经验和认知水平出发，倡导体验、实践、参与、合作与交流的学习方式，发展学生的综合语言运用能力。"也就是说，在学生学习语言的过程中，教师要有意识地培养其积极的情感态度和主动思维的习惯，让他们大胆实践，提高其跨文化意识和自主学习能力。"一背、二抄、三训练"的作业方式只是停留在机械记忆和单一的书面训练上，忽视了对学生综合语言运用能力的培养。

三、设置有效形式的作业，为学生减轻负担

作为一名小学英语教师我不止一次地问自己：到底该怎么布置作业才能使学生既学得好、负担轻，又乐意去做作业？针对该问题，我在有效作业的设计与布置方面有了一些自己的想法和经验。

（一）趣味性的作业

兴趣是最好的老师，它能激发学生学习的动力，只要孩子感兴趣了，他们就会全身投入并乐此不疲。因此，我给学生布置他们感兴趣的作业，如演一演、比一比、访一访、做一做，等等。学生在完成这些作业的同时也会体会到英语学习带给他们的乐趣。把知识的巩固融入趣味性作业之中，也能起到事半功倍的效果。复习单词、句型是一项比较乏味的作业，于是我们可以让学生自编游戏来激发兴趣。例如，在学完颜色这类单词后，引导学生课后自编儿歌："red, red, 红红的苹果；green, green, 绿绿的小草；blue, blue, 蓝蓝的天空；yellow, yellow, 黄黄的稻子；black, black, 黑黑的煤渣；white, white, 白白的雪花。"这样的作业不再是学生沉重的负担，能让学生在轻松和谐的氛围中很好地巩固所学的知识。

（二）创造性的作业

小学生喜欢动手操作类型的活动，如做卡片和制作英语手抄报等。根据这一特点，我在教"In my room"一课时，讲授完房间里的所有物品和"There be……"句型后,我布置了画图制作卡片作业,要求学生回家画出自己的房间以及房间里的物品,并模仿课文写一段简单的短文,下节课请学生们来介绍自己的房间。第二天学生们兴致勃勃地拿出自己的作品并展示,并且大多数孩子能流利地介绍:"This is my room. There is a bed, a desk, a sofa and a bookshelf. The shelf is near the bed. There are many books on it."这类作业既轻松地激发了学生的学习兴趣,又为学生提供了充分展示自我的机会。

(三)美术化的家庭作业

在画画中让他们发现美、欣赏美,使他们身心愉快。绘画类作业中,学生通过想象和色彩感受,创作出自己喜欢的图画,然后借助图画来记忆单词,这样学习,记忆的效果会更好。小学生所学的英语大多和日常生活密切相关,如文具用品、家居生活用品、交通工具、动物名称等。学了这类单词后,我们可以布置学生为这些物品贴上英语标签。

(四)音乐化的家庭作业

音乐有着启迪智慧,教化人类等功能。歌曲、童谣以其优美的韵律,明快欢乐或抒情的节奏吸引并打动学生们的心弦,让一个个英语词句在美妙的歌曲、轻松的节奏中进入孩子们的世界。通过唱英文歌,不仅使学生可以记住很复杂的句型,还对学生的语音语调有很大帮助。根据学生的年龄特点,抓住他们爱唱爱跳的性格特征,布置家庭作业时,根据所学内容,让学生编自己喜爱的chant与歌谣,让学生在chant与歌谣中巩固所学知识。孩子们将这些零散枯燥的称谓编成"汉堡式"歌谣,拍起小手,有节奏地说唱下来,既有趣味,又很容易记住这些词。比如,教唱 *I can say my ABC*,可以让学生轻而易举地说出26个字母。

(五)德育化的家庭作业

任何一门学科都承担着教书育人的任务,小学英语教书育人的作用体现在哪里呢?随着英语的普及,我们身边出现了很多以英语形式呈现的内容。只要稍加留意,我们就会发现英文商标、广告、标牌等随处可见。我可以布置作业让学生自己收集、摘抄这些英语,学生会表现得很积极,反馈回来的作业也很丰富。

(六)信息技术化的家庭作业

21世纪电脑和网络已成为我们日常生活中不可缺少的工具。我在平时教学中就充分利用这些资源，使信息技术与英语教学过程紧密结合，让学生转变被动的学习方式，学会自主探究式的学习。

（七）拓展性的作业

语言和文化存在紧密的联系，我们让学生学好语言的同时应该让学生了解英语国家的文化。我们可要求学生完成拓展性作业来开阔视野。例如我在教time这个词汇时提出："Time is money. 时间是金钱；Time is life. 时间是生命；Everything has its time and that time must be watched. 万物皆有时，时不可失。"通过对这些英语格言警句的学习，学生们不仅掌握了课外知识，开阔了眼界，还认识到了时间的宝贵性，从而更加珍惜时间。总之，在小学英语教学中，教师不仅要重视书本上知识的传授，更要重视作业的设计与布置，多学科课程整合下的小学英语家庭作业布置使小学英语作业趣味浓厚，形式多样，培养了学生的学习兴趣。